U0609187

吕蒙　夏侯渊　邓艾　徐晃　张郃　张辽　夏侯惇　赵云　马超　张飞　关羽　吕布

三国过名将

历史绝对　不简单

宋璐璐◎编著

陕西新华出版传媒集团

三秦出版社

图书在版编目（CIP）数据

三国十二名将 / 宋璐璐编著. -- 西安：三秦出版
社, 2014.5（2022.3 重印）
（历史绝对不简单）
ISBN 978-7-5518-0782-1

Ⅰ.①春… Ⅱ.①曹… Ⅲ.①帝王—生平事迹—中国
—春秋战国时代—通俗读物 Ⅳ.①K827=25

中国版本图书馆 CIP 数据核字(2014)第 097532 号

三国十二名将

宋璐璐　编著

出版发行	陕西新华出版传媒集团　三秦出版社	
社　　址	西安市雁塔区曲江新区登高路 1388 号	
电　　话	（029）81205236	
邮政编码	710061	
印　　刷	河北浩润印刷有限公司	
开　　本	710mm×1000mm 1/16	
印　　张	15	
字　　数	200 千字	
版　　次	2014 年 5 月第 1 版	
	2022 年 3 月第 3 次印刷	
印　　数	6001-11000	
标准书号	ISBN 978-7-5518-0782-1	
定　　价	48.00 元	

网　　址	http://www.sqcbs.cn

前　言

从古至今，中华民族历经数千年的风云变化，刀光剑影早已暗淡，鼓角争鸣业已远去，秦皇汉武的霸业亦归入尘土，银台金阙的浮华也日渐沉寂。轻轻地将岁月的尘埃拭去，五千年的历史才会清晰地显现出来。

然而，如果想要了解中国历史，尤其是各个朝代的历史脉络，并不是一件简单的事情。不过，人是历史的主宰，若能了解具有代表性的君王、后妃、名将、谋士等重要人物，那么就能轻松地理清各朝代的历史发展。

春秋战国时期，群雄争霸，百家争鸣，史书翻开了新的一页。不管是春秋霸主齐桓公，还是卧薪尝胆的越王勾践，为了各自的霸业都在不懈地努力着……

两汉时期虽已成为历史，但其对后代的影响，却随着车轮的滚动越发清晰。品读两汉时期十八位杰出帝王的丰功伟绩，体会他们的治国才略与经典人生。

自古以来，帝王需要名将辅佐、谋士的相助，方能成就霸业；而名将与谋士，也需要帝王的慧眼识珠，才能发挥所长，功成名就。在三国这个纷乱的时代，这十二位名将与十二位谋士具有怎样的传奇经历？

三国两晋时期的美女都带有当时战乱割据的特点，貂蝉成了连环计的主角，西施成就了夫差的美名。似乎每个美女都有一段可歌可泣的传奇故事，似乎每一段传奇都由一位美女所铸成。且看这十二美女的人生经历与内心的悲欢离合。

唐朝是我国历史的巅峰时期，开创了中国历史的新纪元。在唐朝三百年的统治时期，出现了多位杰出的帝王，让我们穿越时光，走进斑斓的岁月，去品味帝王的传奇经历。

宋朝是一个经济富饶、文化繁荣的时代。回首两宋十六帝的传奇人生，感受宋朝皇宫中的雄浑质朴之风、智谋天下之术……

有人说明朝是最为黑暗的时代，也有人说它是捉摸不定的时代。不妨将明朝皇帝请出来，让他们为你"讲述"当时的历史剧目……

清朝十二帝与清朝十二后妃的人生经历，展现了作为皇帝的治国经略，作为后妃的悲欢离合，同时也显示了清朝荣华兴衰的发展。从他们的身上，你可以看到人生的辉煌，也能够看到人性的阴暗……

本丛书共分为《春秋战国十君王》《两汉十八帝》《三国十二名将》《三国十二谋士》《三国两晋十二美女》《大唐二十帝》《两宋十六帝》《明朝十二帝》与《清朝十二后妃》九册，详细地讲述了发生在那个年代的故事……

目　录

第十一章　神速制敌的军界奇才——夏侯渊

第十二章　屡建战功的将门虎子——吕蒙

第一章

有勇无谋的三国猛将——吕布

名将档案

☆姓名：吕布

☆别名：吕奉先

☆民族：汉族

☆出生地：五原郡九原县

☆出生日期：不详

☆逝世日期：公元198年12月

☆主要成就：诛杀董卓，击破张燕，大败袁术

☆封爵：温侯

☆生平简历：

公元190年，关东军讨伐董卓，作为董卓义子的吕布与之进行了一系列的对阵，最终被打败。

公元194年，吕布担任兖州牧之职，镇守濮阳。

公元195年，吕布被曹操的部队打败，在不得已的情况下投奔刘备，后来，趁着刘备与袁术交战之际，夺取了徐州，自称为徐州牧。

公元196年，袁术与刘备交战，吕布作为和事佬辕门射戟，成功地阻止了这场战争。

公元198年，吕布遭到曹操大军的围困，三个月后打开城门向曹军投降，最终被曹军缢杀，然后枭首。

人物简评

　　提起吕布，有人会想起"人中吕布，马中赤兔"的赞扬，也有人会想起"三姓家奴"的骂名。其实，单从武艺方面来说，吕布的确是无人能比的，但是，要是从人品上来看，吕布又是乏善可陈。吕布有超强的武艺，但是却没有多少人情味儿。再加上罗贯中在《三国演义》中为吕布塑造的人物形象，发人深省。

　　所以，人们对吕布的印象，大多觉得他喜欢逞凶斗狠，完完全全是一介武夫，而且他还奴颜婢膝，不仅不讲道义，而且善变又没有主见。然而，如果我们去看看《三国志》的话，吕布的这些恶行恐怕就需要略微翻一下才是。无论演义小说中将吕布描写成什么样子，但是在真实的历史记载中，三国一代名将吕布最终落得个身死名灭的悲惨下场，主要是由于他个人的性格缺陷造成的。不过，吕布即便不能算作是盖世英杰，也可以算得上是一时豪雄，绝对不是演义上描写得那样不堪。

　　关于对吕布的评价，历史学家陈寿认为："吕布有虓虎之勇，而无英奇之略，轻狡反复，唯利是视。自古及今，未有若此不夷灭也。"而苏轼曾经说过："使不幸而贼有过人之才，如吕布、刘备之徒，得徐而逞其志，则京东之安危未可知也。""背逆人理，世所共疑。故吕布见诛于曹公，牢之见杀于桓氏，皆以其平生反复，势不可存。"

生平故事

为董卓效力

　　并州刺史丁原担任着骑都尉之职，驻扎在河内。因为吕布十分勇猛威武，所以任命吕布为主簿，对他非常亲近。汉灵帝死了之后，丁原收到何进的征召，率领部队来到了洛阳，密谋对宦官进行诛杀，并且因此被任命为执金吾。后来，不甘失败的宦官们合谋杀死了何进。董卓也趁着外戚与宦官之间争斗的时候，悄悄地进入洛阳，并且成功地控制了朝政。

董卓知道丁原手下有一员猛将吕布，可以敌万夫之勇。于是，董卓引诱吕布将丁原杀死之后归降了他。随后，董卓又吞并了丁原的军队，并且任命吕布担任骑都尉之职，与他一起发誓结为父子，对他非常欣赏信任。吕布这个人很擅长骑射，有着过人的臂力，人们称之为"飞将"。没有过多久，董卓又提拔吕布做了中郎将，封都亭侯。

为了更好地控制东汉朝廷，董卓擅作主张废掉了少帝刘辩，改立刘协为帝，历史上称为汉献帝，与此同时，董卓先后自封为太尉、相国等要职，独揽朝政。这也为他与士大夫以及各路军阀之间的公开决裂埋下了伏笔。

公元190年，以袁绍为首的关东军阀组成关东联军开始讨伐董卓。那个时候，吕布也参加了那一系列的战争，但是却因为与将领胡轸不和而被孙坚打败了，最后，董卓挟着天子将都城迁到了长安。董卓也知道自己比较凶暴，被人们所厌恶，因此，经常要吕布作自己的侍卫以及守中阁以防有人刺杀他。但是，董卓的性格又非常猜疑，曾经因为有一些小失意就向吕布掷出了手戟，吕布心中对此早已经有了不满的情绪。再加上吕布与董卓的婢女有染，担心这件事情迟早会被董卓发现，因此，心中异常不安。

在这之前，王允知道吕布是并州的壮士，就对他以厚礼相待。自从吕布对董卓心生不满之后，就经常去见王允，与之诉苦，还说了董卓差一点将他杀了的经过。这个时候，王允正在与士孙瑞、杨瓒等人秘密地进行谋划，将董卓除掉，所以就极力说服吕布作他们的内应。但是，吕布却有些犹豫不定，说道："我们现在是父子，怎么好下手呢?"王允说道："将军姓吕，而董卓姓董，原本就不是亲生骨肉，现在你保全自己的性命尚且来不及，还谈什么父子呢！"吕布想了想，觉得王允说得很有道理，就答应了三允等人的请求。吕布与王允等人进一步商量了刺杀董卓的细节问题，并且选定了日期。最终，他们的刺杀计划成功了，董卓被杀死。因为刺杀董卓有功，吕布被提升为奋武将军，假节，仪比三司，进封温侯，与王允一起执掌朝政。

辗转投奔各方

董卓死了之后，长安又传来消息，说朝廷要彻底消灭董卓的残余势力。董卓的旧部属李催与郭氾等人慌了，连忙派人到长安请求赦免。但是这个时候，主持朝政的王允犯下了一个大错——拒绝了李催等人的要求。李催等人在惊恐下，准备将军队解散，从小路返回凉州，以便躲过王允的追杀。

就这个时候，贾诩站了出来，为李催等人作出了冷静的分析与判断。贾诩认为：现在已经知道朝廷不准备实行赦免，诸位由于害怕才想着遣散队伍独自回乡。如果真是这样的话，归途中只要一个小小的亭长就能抓获诸位，那么诸位的下场就会更悲惨。与其这样坐以待毙，还不如带领所有的士卒西进，一路上招募人马，然后进攻京城长安为相国董卓报仇，这样可能还有一丝生机。万一获得了战争的胜利，诸位就能够效仿相国董卓利用国家的名义来征服天下；而即便是战争失利，到时候再各自逃走也不算晚。

贾诩的意见可谓是良策，解除了李催等人的困扰。在校尉李催等人的号召下，这股董卓的残余势力便开始沿途招兵买马向长安行进，一路上还收拢了不少董卓的旧部，军队数目也从几千人增长到十余万人。与此同时，他们还获得了胡轸、杨修等凉州豪族的大力支持，战事进展十分顺利，同年6月就已经逼近长安城下了。此时，在长安城下形成了以李催、郭氾为首的凉州军事集团与王允、吕布为首的并州势力及朝臣的决战。吕布守城八日，因为城内士兵之中出了叛徒，吕布战败。于是，吕布不得不率领一百多名骑兵带着董卓的首级杀出了武关。在这段时间内，吕布曾经在城北与郭汜进行单挑决胜负，吕布用矛刺中了郭汜，郭汜被左右军队救了下来，双方才各自罢兵。

吕布先是率领残部投奔袁术，但是因为袁术对他自恃有功而十分骄恣、恣兵抄掠的行径非常不满，所以拒绝收留吕布。于是，吕布又改变方向前去投奔袁绍。在袁绍营帐下的时候，吕布与袁绍联手在常山和张燕进行对战。当时，张燕率令的黑山军有一万多精兵、几千骑兵。吕布骑着可以腾跃城墙、飞跨壕沟、名字叫赤兔的宝马，与手下的猛将成廉、魏越等几十个人冲击张燕的军阵，有的时候，一天要去三四次，每一次都能够将敌人的首级砍下带回来。连续作战十几天之后，终于将张燕的军队打败了。

吕布仗着自己立下了很大的战功，再一次向袁绍提出要求——增加军队，袁绍最后拒绝了。而吕布手下的士兵也时不时地进行抢劫、掠夺等不法行为，这使得袁绍开始对他产生了怀疑与愤恨。为此，吕布心中感到有些不安，就请求让他返回洛阳。对于吕布的这个要求，袁绍表示赞同，就使用天子名义任命吕布担任领司隶校尉之职，派遣甲士去送吕布，实际上是想在暗中将他除掉。吕布也不是傻子，怀疑袁绍可能在打自己的主意，就派部下在营帐中弹着筝，自己则悄悄地逃了出去。到了半夜的时候，那些甲士才出动，乱刀砍向吕布的床，认定他已经被砍死了。

到了第二天，袁绍在得知吕布还活着的消息之后，立即下令将城门关闭，捉拿吕布。最后，吕布费尽千辛万苦才逃到了河内，与张杨进行联合。袁绍害怕吕布会对自己不利，再一次派遣兵马前去追杀吕布。吕布勇猛善战的威名早已经在士兵们中传开，所以那些前去追杀的士兵都非常害怕吕布，追上之后竟然没有一个人敢逼近。在逃跑的途中经过陈留，太守张邈派人将吕布迎接了回来，对他大加款待，在临分手的时候，两个人握住对方的手臂发誓要结好。

兖州争夺战

公元 194 年，曹操向东对陶谦发起攻击，派将领武阳人陈宫在东郡驻守。陈宫趁着这个机会劝说张邈："如今天下大乱，英雄豪杰同时崛起，您手中有着十万人的队伍，处在能够四面作战的地方，按剑雄视天下，是完全可以做人中豪杰，而您反而被他人控制，不是太卑下了吗？目前，本州的军队东征，其地必然十分空虚，吕布是一位猛将，非常善于作战，可以说是英勇无敌，把他接过来一起占领兖州，然后观望天下的形势变化，等候时事的变化，寻找一个良好的时机，就能够纵横一世。"

张邈听了陈宫的劝说之后，觉得非常有道理，就连同弟弟张超与陈宫等人一起将吕布迎接了过来，请他担任兖州牧之职，镇守濮阳，兖州所属郡县一起响应。曹操得知这个消息之后，率领军队对吕布所部发起了猛烈的进攻，双方数次交战，僵持了一百多天。这个时候，天降旱灾，同时又发生了蝗虫的灾害，粮食几乎颗粒无收，再加上战争不断，这个地区的百姓们生活在水深火热之中，甚至出现了人吃人的惨剧。

吕布把部队转移到了山阳进行驻扎。兴平二年，也就是公元 195 年，曹操把兖州的各个城池全部都收复了，在钜野地区将吕布彻底地击败了，吕布在万般不得已的情况下，率领残部向东逃去，最终投奔到了刘备营帐下。而张邈则来到了袁术那里求救，留下了弟弟张超带着家眷与部属在雍丘驻守。曹操率兵将张超所在的雍丘团团包围，围困了几个月之后，终于将张超以及张氏三族全部斩杀。而张邈还没有到达寿春，就被他的士兵给斩杀了。

正在狼狈逃窜的吕布在见到刘备之后，对他表现出了十分的尊敬。他对刘备说道："我与阁下都是北疆边境的人。那个时候，我看到关东军起兵之后，就想要将乱臣贼子董卓诛杀。但是，在我杀了董卓东出之后，关东的各个诸将却没有一个愿意接纳我，反而一个个都想将我杀了。"他请刘备坐在帐中的床上,命令他的妻妾向刘备行礼。与此同时,吕布还专门准备了非常丰盛的酒食,请刘备一起酌酒饮食,在席间称呼刘备为贤弟。刘备看到吕布语言无常,表面上总是点头表示同意,但是心中十分不高兴。

占领徐州

公元195年,刘备向东讨伐袁术大军,袁术悄悄地给吕布写了一封信,承诺送上二十万斛大米,引诱吕布率领部众向下邳发起突然袭击。吕布觉得这个提议不错,就暗中与袁术达成了协议。于是吕布水陆东下,他的军队在距离下邳西四十里的时候,刘备的中郎将丹阳人许耽派司马章诳前来迎接吕布,并且向吕布透露了一个消息——张飞与曹豹相争,导致下邳城内大乱,丹阳兵都在西白门城内等着吕布的到来。于是,吕布率领部众大举进军,早晨就到了城下。天亮之后,丹阳兵将城门打开,吕布坐到城门之上,指挥军队与张飞的部众对阵,最终大获全胜,还俘虏了刘备的妻妾儿女以及其部属的家眷。

此时,刘备的部队已经被袁术的大军打败,正在逃往海西,士兵们一个个都饥肠辘辘,而且万分疲惫,于是,刘备就向吕布请求投降。这个时候,吕布正在为袁术不再运粮来感到非常恼火,就准备了车马想要把刘备迎接回来,让刘备担任豫州刺史之职,派遣他在小沛驻守。而吕布自称为徐州牧。

辕门射戟

公元196年,袁术派遣大将纪灵率领步骑共计三万多人马前去讨伐刘备,刘备见状连忙向吕布发出求援的请求。吕布手下有一位将领,劝说道:"将军您一直都想将刘备除掉,如今是一个很好的机会,您可以借助袁术的手将刘备除掉。"但是,吕布并没有接受这个建议,说道:"并不是这样的，如果袁术占领了小沛，一定会联合北面泰山一带的部队，那么，我们就会落入袁术的包围圈中，所以，我现在必须去救刘备啊。"于是，吕布带领一千多步兵、两百骑兵，火速赶往小沛进行救援。纪灵等人听到吕布前来对刘备进行救援的消息之后，自己知道不是吕布的对手，不得不鸣金收兵，不敢再轻举妄动。吕布在距离小沛西南一里的地方安营扎寨，派遣卫士去请纪灵等将领，纪灵等人也请吕布一同饮酒。吕布对纪灵等人说："刘玄德，是我吕布的贤弟。现在，他被诸位所围困起来，我专门赶来救他。我吕布生性不喜欢看到别人互相进行争斗，只喜欢帮助别人解除纷争。"吕布命令门候在营门中竖起一支戟，说道："诸位看看我射戟上的小支，如果能够一发射中，那么诸君就可以停止对玄德的进攻，从这里离开；倘若一发射不中，那么你们就留下与玄德决一死战，我不会再插手。"吕布说完之后，就引弓向戟射出一箭，正好射中了小支。诸位将领深感震惊，纷纷夸赞说："将军您实在是有着天神般的威力呀！"第二天，吕布又与诸位将领欢会宴饮，然后各自就退兵了。

郝萌叛变

公元196年6月，在袁术的极力怂恿下，部将河内人郝萌背叛了吕布，率领军队对吕布管制的下邳发起猛烈进攻，因为城池的防守过于严谨，城墙过于坚固，短时间内，很难想到办法将其攻克。此时的吕布并不知道是谁背叛了自己，就带着妻儿逃到了高顺的营寨，高顺见状急忙问道："将军知道是谁背叛了自己吗？"吕布思索片刻说道："如果没有猜错，这是河内人的声音。"

高顺立刻想到造反者应该是郝萌，于是，带着精兵悍将前往下邳平叛，弓箭手拉动弓弦，万箭一齐射向郝萌军队，天还没有亮就回到了营帐。郝萌与自己属下曹性不和，曹性索性与郝萌对着干，在盛怒之下，郝萌将曹性刺伤。而曹性也不是省油的灯，竟然挥刀砍断了郝萌的一个臂膀，就在郝萌抱头忍痛之时，高顺趁此机会将郝萌的首级砍了下来，然后用担架抬着受伤的曹性回到营帐见吕布。吕布询问曹性这件事情的起源，曹性回答说："是袁术在一旁鼓动郝萌进行反叛的。"吕布又问："他有没有同谋者呢？"曹性回答说："陈宫就是其中之一。"当时，陈宫就坐在吕布的旁边，听到曹性这样说，脸顿时涨得绯红，这一变化在他旁边的人都察觉到了。因为陈宫是吕布帐下的一员大将，所以吕布并没有深究他的责任。曹性还说："郝萌在造反的时候曾经问我是不是可以跟随他？我说：'吕布将军的神勇无人能敌。'万万没有想到的是，郝萌竟然如此固执，不听劝阻。"吕布随即对曹性说："你真是一个聪明的人。"之后，让人将他抬下去疗伤，等到曹性痊愈之后，就让他率领郝萌的残余部队。

雄踞于江淮

袁术想要与吕布进行联合，让吕布为自己效命，于是就向吕布提出让自己的儿子娶吕布的女儿作为妻子，吕布对此表示赞同。袁术派遣韩胤作为使节，向吕布正式传达了他将要更换年号、登基称帝的事情，与此同时，请求将吕布的女儿接过来，与自己的儿子去成亲。沛相陈珪担心如果袁术与吕布结成了儿女亲家，那么徐州、扬州就会联为一体，这样一来，将会对国家造成很大的危害，于是来到吕布这里进行游说："曹公奉迎天子，辅佐朝政，征讨八方，威震四海，而将军您应当与他进行合作，以取得天下安宁。倘若您与袁术结成了儿女亲家，将会担上不义之人的罪名，那样形势就对您是不利的。"吕布心中也对当初袁术不接纳自己感到十分怨恨，虽然他的女儿这个时候已经随韩胤走了，但是，他还是有把握将女儿追回来的。于是，他骑上赤兔马追回了女儿，拒绝了这门亲事，并且让使者韩胤戴上枷锁、镣铐，送到了许都街市上斩首示众。

陈珪原本想让儿子陈登前往许都，向曹操说明吕布与之合作的决心，可是吕布坚决不同意。碰巧，此时曹操的使者前来，传达天子的命令，让吕布担任左将军。吕布备感欣慰，于是，命令陈登即刻启程，并带着自己的亲笔书信，向天子致谢。陈登拜谒曹操之后，说："吕布虽然勇猛，但是有勇无谋，且性情反复无常，是一个不折不扣的小人，希望曹操可以尽早除掉他。"曹操说："吕布的野心勃勃，实在不宜长久留在身边，你自然是最熟悉其中情况的人。"随即，陈珪的年俸禄就提升到了两千石，并且任命陈登为广陵太守。在陈登临行之前，曹操握着陈登的手说："东边的事情，就都交给你了。"曹操命令陈登分散吕布的军队，做好内应工作。

起初，吕布是想要通过陈登得到徐州牧的职位，等到陈登回来之后，吕布发现自己的愿望没能实现，因此十分愤怒，伸出战戟砍向桌子，凶神恶煞地说：'你的父亲劝说我与曹操进行合作，我这才拒绝了袁术儿子的婚约，可现如今，我没有任何收获，反而是你们父子两人的地位变得越发显赫，甚至加官进爵，你是不是把我卖了？你倒是说说看，你究竟在曹操的面前说了我什么坏话？"见吕布如此愤怒，陈登依旧沉着冷静，淡定从容地回答道："我见到曹操的时候是这样说的：'对待像将军这样的人，应该像对待猛虎一般，一定要让他吃饱，否则他便会想方设法吃人。'曹操听后说：'不，并不像你说的这样，对待吕布这样的人，就要像对待雄鹰一般，饥饿的时候可以加以利用，可是当他吃饱的时候，他就会飞走了。'我们就是这样谈论您的。"吕布听到这些，怒气总算消了。

袁术得知吕布拒绝了自己儿子的婚事，还将自己的使者杀了之后，就派遣手下大将张勋、桥蕤等人与韩暹、杨奉合兵，率领几万步兵骑兵，分七路向吕布发起猛烈的进攻。那个时候，吕布手中仅仅只有三千兵力、四百匹马，心中非常害怕抵挡不住，就对陈珪说："现在，招来袁术的部队，是因为你造成的，你说我们应该怎么办？"陈珪说道："韩暹、杨奉和袁术等，只不过是在仓促之间召集起来的部队罢了。先前就没有确定计策，不可能相互维持。我的儿子陈登料定他们就好像是排着队的鸡一样，其局面不可能一起栖息，用不了多久就可以使他们离散。"吕布接受了陈珪的计策，给韩暹、杨奉写了一封信，在信中说道："二位将军有救驾的功劳，而我亲手将董卓老贼斩杀，一起建立功名，将会留名青史。如今袁术反叛，应该一起对他进行讨伐。为什么你们要与反贼联合起来对我部发起攻击呢？可以趁着现在联手将袁术打败，为国家除去这个祸害，为天下建立功业，这个机会可是非常难得，千万不要失去。"又承诺在打败袁术军队之后，把军中钱粮全部送给他们。韩暹、杨奉看完这封信之后，非常高兴，就一起在下邳对张勋等人发起攻击，将桥蕤生擒，其他人马全部溃散而逃走，不少人都被杀死杀伤，掉在水中淹死，几乎是全军覆没。吕布率领部众追击袁术来到了江淮，在岸北大笑了一番才返回去。

那个时候，泰山臧霸等攻克莒城，答应给吕布很多财物钱币，以便结交吕布，但是，后来还没有来得及送出去，吕布就亲自前去了。吕布的督将高顺曾经劝说他不要去，说道："将军亲自将董卓斩杀，在戎狄威名远播，远近都非常害怕您，想要什么东西得不到，为什么非要亲自去要财货呢？万一到时候最终没有得到，那么不是对您的威名产生很大的影响吗？"吕布没有听从高顺的劝说，亲自率领兵将来到了莒城，臧霸害怕吕布使用武力进行劫掠凌虐，坚守莒城，结果，吕布根本没有办法攻克，带领部队在不得已的情况下返回了下邳。之后，臧霸与吕布和解。

高顺这个人，为人清白，仪表十分威严，不太喜欢说话，统率的部众非常整齐，每一次作战都肯定能够获胜。吕布总是随便作出决定或者改变主张，做起事情来也是变化无常。高顺经常劝导他："将军在做事情的时候，没有经过慎重的考虑，经常出现或大或小的失误，说话做事的时候也总是有一些差错。难道失误的事情可以一而再、再而三地发生吗？"虽然吕布知道高顺对他是非常忠诚的，但是最终还是接受不了他的意见。

刘备驻守在小沛，开始主动积极地招纳旧部，没过多长时间就重新集结了万余人。吕布对他非常厌恶，就亲自率领部众向刘备的军队发起猛烈的进攻，刘备的部队被打败，最后迫不得已前往许都归顺曹操。曹操对于刘备十分厚待，首先封他做了豫州牧，并且给他支援军粮与部队，让他前往沛城去收拢旧部。

惨遭杀害

公元 198 年，吕布再一次举兵反叛朝廷而依附于袁术，派遣高顺、张辽向沛城发起猛烈的进攻，将镇守沛城的刘备军队打败。曹操收到消息之后，立即派遣夏侯惇率兵前去援救刘备，但是，却不幸也被高顺的部队打败。而且更不幸的是，在这场战争中，夏侯惇失去了一只眼睛。同年九月，高顺率兵等攻破沛城，将刘备的妻儿全部生擒，刘备率领残部归顺了曹操。于是，曹操亲自率领部众前去攻打吕布，兵到下邳城下。曹操派人给吕布一封信，在信中，详细地向他陈述了其中的祸福。吕布看完信之后想要向曹操投降，但是陈宫等人因为自己对曹操负罪，所以对于吕布的投降意见极力反对，而且还对吕布说道："曹操从远道而来，他的局势不能够长久地维持，如果将军使用步兵与骑兵在城外驻守，我就率领其余兵马关闭城门进行把守。倘若曹操的部队敢向将军发起进攻，我就会立即带领部队从后面向曹操的大军发起进攻。倘若曹操仅仅只是进攻城池，那么，将军就赶紧从外面进行救援。用不了一个月，曹操大军的粮食就会全部吃完，然后，我们再发起进攻一定能够将曹操的部队打败。"吕布认真想了想，最终认可了他的意见。但吕布的妻子说："以前曹氏在对待陈公台的时候，就像对待婴儿似的无微不至，陈宫依旧背叛了曹操而投靠我们。如今，将军对待公台的好处并没有超过曹氏，却准备丢下全城与妻子儿女孤军远出吗？一旦发生什么变故，我难道还能够做将军的妻子吗？"吕布觉得妻子的担心也是很有道理的，于是这件事情就此作罢了，但是，他却暗中派人向袁术发出求救的请求，又亲自带领一千多骑兵出城，打败之后退回了城中，守住城再也不敢出去了。袁术也没有派兵进行援救。吕布尽管十分骁勇刚猛，但是智谋不足，而且心胸还非常狭隘，性格常多猜忌，只听信亲近他的将领，而诸位将领，又各自进行猜疑，因此，在与敌军作战的时候，大多数都会被打败。

曹操的军队围攻了三个月，利用决水将城池围住，吕布军中上下开始离心，他的部下侯成、宋宪以及魏续发动反叛，将陈宫绑住之后，向曹操的军队投降。吕布在白门楼看到敌军攻势非常猛烈，知道自己这一边的大势已去，于是命令左右把他的首级交给曹操，左右实在不忍心，就在十二月癸酉下城向曹操的军队投降。

吕布被捆绑着带到了曹操的面前。吕布要求曹操为自己松绑，曹操却笑着说："捆绑老虎的时候一定要捆紧。"吕布又说道："曹公得到我，由我率领骑兵，曹公率领步兵，可以统一天下了。"曹操听了之后，心中有些动摇，但是，在曹操一旁的刘备却说道："明公您看见吕布是怎样侍奉丁建阳与董太师的吗！"吕布在临死之前说道："大耳儿刘备最不能够相信的！"最终，吕布被缢杀，然后枭首。他的部下陈宫、高顺也都因为拒绝投降而被处死了，张辽则率领所部向曹操投降。曹操下令把吕布、陈宫以及高顺的首级送到许都彰功，然后将其下葬。

吕布的传说

关于吕布传奇般的出生与神话一样的成长，在五原县有不少流传。相传，在东汉章帝年间，北匈奴向南匈奴以及汉朝领地进犯的时候，吕布当时担任宪部越骑校尉的祖父吕浩奉命留守在边塞。吕浩带着妻儿部众驻扎在五原郡地，定址北河（黄河旧道现乌加河）南岸五原县塔尔湖五分桥东，在那里大兴土木，建城筑堡（现在的城圪卜就是由此而得名），开辟荒田，种植农业，并且慢慢地发展畜牧业，纺织业以及制陶业等，固守着边关。

吕布的祖父吕浩去世之后，他的父亲吕良继任，娶了黄氏作为妻子。黄氏是五原郡补红湾，也就是现在的五原县城西补红村人，是一个大户富豪财主的女儿。黄氏非常聪明贤惠，又知书达理，善于染织（后成为染织作坊主事）。黄氏给吕良生了四个女儿，但是却一直没有儿子。有一天，黄氏跟着夫君吕良来到了白马寺庙（今五原县锦旗东五里处，由于黄河淘堤已毁于河底）拜佛求子。回来的当天晚上，黄氏就做了一个梦，在梦中，黄氏看到有一只猛虎扑身而来，黄氏见状急忙呼唤自己的丈夫来赶打，但是，老虎并没有咬她，而是非常温顺地卧在了她的身旁。没多几天，黄氏就怀上了身孕，怀孕十二个月之后仍然没有生产，这让一家人非常焦虑。

后来，黄氏到了染织作坊，突然听到屋外人声鼎沸。众人都相继走出屋子来观看，只见西北上空彩虹映现，光彩夺目，这个景观非常奇异。随后五原山地崩裂，地动山摇。黄氏将要生产，身体感到很不舒服，腹中是疼痛难忍，盆骨闷胀，羊水外溢，寸步难行，随即就躺在了布匹的上面，没有过多久就生下了一个男婴。

男婴出世的时候更是一件非常奇怪的事情，只见婴儿的脐带自己就断了，双目炯炯有神，紧握双手，站立起来，黄氏感到极其惊奇，急急忙忙地为婴儿擦去身上的污物，然后将这个男婴抱在自己的怀中。后来，她把这件事情告诉了自己的丈夫，吕良心中非常高兴，说道："吾儿神也。"因为出生在布上，所以，就取名为吕布。

吕布自小跟随母亲习文作画，非常聪慧好学，不管学什么都是一点就通，并且拥有过目不忘的本领。他生性喜欢争斗，力气相当大，喜欢舞枪弄棒，身高与体重都远远超过正常人，同龄的孩童都不敢与他一起玩耍，远远地看到他就避开了，只有在和女孩在一起的时候，吕布才会表现出温顺体贴的一面，简直是判若两人。

吕布不太喜欢与同龄的孩子玩耍，却非常喜欢与大人们在一起，经常问这问那的，而且还模仿学习大人。从五岁的时候开始就经常跟着牧马人到野外去放马，并且他对马也是万分喜爱，只要看到马的精神十足，他就会兴奋得不得了。他常常骑在马上手舞足蹈，手里拿着一根木棍，就好像一名奋勇杀敌的勇士，那个时候的他能够拿着棍子刺击野鸡与野兔等。在七岁的时候，吕布就可以单独骑马追击野狐山鹿等，并且从来没有空着手回来过，常常把比他重好几倍的小马驹抱起，与之玩耍，有的时候，还会将小马驹举过头顶。

在九岁那一年，吕布跟着父亲与母亲到补红湾一起去拜见外公。外公看到他们到来，非常高兴，就要杀羊招待他们，不过，大人们在羊群中怎么逮羊都逮不住，小吕布上前没多久就生擒了两只羊，围观的人看到后为之惊叹，外公见状十分开心，立即就挑选了一批好马送给了他。从此之后，吕布与马做伴，每天都精心料理，爱马如痴，从来都不会让马离胯。

十一岁的时候，匈汉两族边民在白马寺庙举行了一场大型的庆典，吕布跟着父亲前去参加，在骑马的比赛中，他因为骑技过人，马快如箭，雄姿展现，一举夺得了骑手的荣誉。争强好斗的吕布，在观看摔跤比赛的时候，看见其中一个摔跤手屡战屡胜，根本没有人是他的对手，心中很是不服，独自冲入比赛场中，大声喊道："让我来试试！"

摔跤胜者看到吕布只不过是一个小孩子，根本就没有把他放在眼中，瞬间两个人就扭在了一起。通过几个回合的较量，吕布居然把身高与体重比他超出好几倍的大力士摔跤手撂翻在地，霎时在整个赛场中引起了一场轰动，人们都称呼吕布为大力士神童。从此之后，在五原地区，吕布就成为了一个家喻户晓、人人皆知的神童，并且吕布也引以为自豪。

汉灵帝统治时期，鲜卑部落军事联盟四处进行武力扩张，对东汉朝廷发起了掠夺性的战争。东汉边将大举向南迁居，这一年，吕布跟着父亲南撤到了山西境内，依附于并州刺史丁原部下。从此之后，吕布离开了五原县，开始了他横扫千军，最后悲壮离去的传奇人生。

吕布和貂蝉

东汉王朝末年，政局动荡不安，东汉王朝也开始走向衰落。要说东汉面临的第一场浩劫，那就是董卓进京。董卓可是西凉的一位土霸王，他擅自废立皇帝，荒淫后宫，杀害小皇帝以及何太后，甚至就连当地的百姓都不放过，可以说是烧杀抢掠无恶不作。这样的人，自然是天理不容、群起而诛之的。于是，关东各地区的诸侯们开始会盟，举兵讨伐董卓逆贼。可是和董卓大战了几个回合后，不仅没有击败董卓，而且还起了内战，这倒是给了董卓大好的机会，让董卓坐收渔翁之利，大大增强了实力。

后来，董卓自称为大师，出入的时候都是依照天子的仪仗，而且还分封了他的家族各成员。对于满朝文武，董卓总是一副颐指气使的样子，稍微做得不好，便会被董卓以谋逆之罪处死，使得朝中上下人心惶惶、惊惧不安。面对当下的局面，大臣司徒王允千方百计地要把董卓除掉。可是，董卓有一位义子，名为吕布，他勇猛无比，将士中无人能敌，而且吕布对于董卓来说可谓忠心耿耿，每日陪伴在董卓左右，使得司徒王允根本就没有机会下手。王允一直想不到一个好的办法，每日食不甘味、寝不安席。

有一天晚上，王允深夜不能入睡，于是便披衣去了后花园，自己一个人在那里唉声叹气。当他走到后花园的时候发现，深夜竟然还有一个人在对月长叹。他仔细一看，原来是他府中的歌姬貂蝉。王允感到很奇怪，他上前问道："大半夜的不睡觉，你在后花园做什么呢？"貂蝉回道："每天看着司徒大人忧心忡忡，可是又不能问他所谓何事，所以也只能自己在后院叹息了。如果司徒大人以后有用得着小女子的时候，小女子定将万死不辞。"

王允听了她的话之后，随后又看了看貌美如花的貂蝉，突然计上心来。他上前对貂蝉说道："想不到大汉朝的天下，竟然掌握在你一个小女子的手中。"说着，便把貂蝉带到了自己的屋里，刚一关上门，司徒王允便跪在了地上，对貂蝉说："董卓那个奸贼，作恶多端，再加上身边有吕布那个逆贼助纣为虐，这两个人可都是人人处之而后快的乱臣贼子。如今我倒是有一个办法，需要你的帮忙，可是这件事情却有可能会害了你的性命，还希望你能够好好考虑考虑。"并且还表示，要认貂蝉做义女。貂蝉上前将王允搀扶起来说："义父可不能给我跪拜啊，您需要我怎么做，直接吩咐便是，我肯定会竭尽全力。"

王允听了貂蝉的话，便放下心来，于是便把自己想到的计划原原本本地告诉了貂蝉。他说，董卓和吕布这两人都是好色之徒，所以王允准备利用这一点，来使一个连环计。他先是把貂蝉许配给吕布，然后再创造机会让董卓也知道貂蝉的美貌，这样一来就能够离间他们父子的关系，让吕布除掉董卓，然后再扶植汉朝的江山社稷。不过这个计策十分凶险，稍有不慎将会丢掉性命。说完，还把其中的利害关系跟貂蝉仔仔细细地讲解了一遍。貂蝉为了报王允的养育之恩，想也没想便应下来了。

在王允的精心安排下，董卓和吕布都堕入了王允的圈套中。首先，王允邀请吕布来府中做客，并且让貂蝉跳舞助兴，随后又做主把貂蝉许配给了吕布，后来董卓又在无意中看到了美貌的貂蝉，依照董卓的霸道，他立刻将貂蝉占为己有。吕布见自己的义父强占了自己的未婚妻，顿时心中怒火直烧，在吕布看来，这简直是禽兽不如。而董卓这里，又见那吕布和自己的美娇娘整日眉来眼去，心中也是极其不满。再加上，王允在这中间煽风点火、添油加醋，而貂蝉在董卓府中也是极端配合，离间其父子关系。

有一次，吕布前往董卓的府上请安，恰逢董卓正在休息。貂蝉从床后面探出半个身子来看着吕布，还用手指着自己的心口处，然后还指了指董卓，随即便泪如雨下。吕布看着这个娇滴滴的小美人竟然肯为自己掉泪，他内心也是无比地悲痛。正在这时，董卓从梦中惊醒过来，他朦胧着双眼，看到吕布一直凝视着自己的床后，他转眼一看，只见这貂蝉正在床后立着，而且还眼泪汪汪，一幅很委屈的样子。董卓见状，心想肯定是吕布戏弄了貂蝉，于是他立刻让人把吕布打了出去，并且下令，从此以后不准他再进入内堂之中。

在貂蝉的从中斡旋下，董卓和吕布的父子关系进一步恶化，而到了"凤仪亭"事件时，董卓和吕布之间的矛盾算是达到了一个高潮。这天，董卓外出不在府中，吕布则趁此机会，悄悄地潜进相府中，和貂蝉私会。貂蝉把吕布约在相府后花园的凤仪亭边。过了一会儿，貂蝉梳妆打扮好之后，便从厢房中走了出来，她一看到吕布，便扑进吕布的怀中，哭着述说自己的经历。她说，自己原本被义父王允许配给了吕布，而她自从看到吕布之后，心中念念不忘也是吕布这个人，每日茶不思饭不想地在司徒府等着吕布，希望他能够快点迎娶自己。可是谁想到，董卓看到了自己的美貌，竟然不顾父子之情，强行把她抢来。她想要反抗，可是董卓权大势大，她和义父又怎么是他的对手呢？貂蝉言辞恳切，吕布听到这里，心里仿佛扎了一根针一般，很是心痛。貂蝉见吕布已经听进去了自己的话语，于是接着说道："对于董卓的侵犯我是毫无抵抗之力，被董卓侮辱后，我原本想要一死了之，可是心中又放不下将军。我想要在死之前再见将军一面，所以才苟活到了现在。今天，貂蝉很荣幸还能够见到将军，那么我毕生的心愿也就了了，这个时候也能够死而瞑目了。"说着，便站到了湖边的栏杆处，做出跳湖自杀的样子。吕布看此情景，急忙上前将她抱住，对貂蝉说："你心里怎么想的，我自然明白，如果今生无法娶你做我的妻子，那么就枉费我吕布这一生。"说着，便拿着自己的战戟想要离开。貂蝉拉住吕布说："既然将军这样说了，为什么现在要走呢？难道你还是惧怕你的义父吗？这么说，我还是无法做你的妻子，那还不如让我死了清净。"吕布深情地看着貂蝉说："你放心，等我想到一个万全之策的时候，我一定会来接你出去。"说着，拿起战戟头也不回地走了。

董卓回来后质问貂蝉，今天是不是和吕布在一起。貂蝉听了这句话后，顿时掉下泪来。她扑进董卓的怀里呜咽着说："我原本是太师的女人，今天到后花园看花，谁想到竟然碰到了吕布，我见他有些不怀好意，所以想要立刻避开他。可是没想到，他却说自己是您的义子，我不用避开。后来，他拿着战戟把我逼到了凤仪亭，我担心他会逼着我做一些对不起太师的事情，所以便要跳河自尽，谁想到他竟然从后面一把将我抱住。不过，幸好，在这个时候，听下人禀报太师回来了，他才逃走，要不然我真的要以死来保全我的清白了，那么我这一辈子就再也见不到太师您了。"董卓看着貂蝉说："不要哭了，既然吕布如此喜欢你，我就把你许配给吕布吧。"貂蝉听了，心知董卓是在试探她，于是她哭得更厉害了，接着说道："我自从嫁给太师后，每日床前侍奉，尽心尽力。可是如今您却要把我许配给别人，那我就是死，也不会答应的。"说着便抽出董卓挂在墙上的宝剑，想要自杀明志，董卓见状赶紧将她拦下，说自己只不过跟她开了个玩笑，他怎么舍得把貂蝉许配给吕布呢。貂蝉见董卓打消了对自己的怀疑，她立刻扑到董卓的怀里说："既然太师这么喜欢我，那你还让我住在相府里，每日提心吊胆的生活，害怕哪天你不在府上，让吕布把我掳了去。"董卓想了想，认为貂蝉说得很有道理，于是便把貂蝉送到了自己的城堡郿坞。

另一方面，吕布看到貂蝉被带走了，认为肯定是董卓威逼貂蝉的，而内心又害怕今世都无法和貂蝉相见。后来，貂蝉见时机已经成熟，于是又对吕布用了激将法，最后才使得吕布将董卓杀死。

第二章

忠义双全的骁勇大将——关羽

名将档案

☆姓名：关羽

☆别名：关长生、关云长、关公

☆民族：汉族

☆出生地：河东郡解良县（今山西运城）

☆出生日期：公元162年

☆逝世日期：公元220年初

☆官职：前将军，假节钺

☆主要成就：白马斩颜良，襄樊败于禁

☆封爵：汉寿亭侯

☆谥号：壮缪侯

☆生平简历：

公元162年，出生在河东郡解良县（今山西运城）。

公元184年，关羽和刘备、张飞，在一处桃园结拜为兄弟。

公元200年，关羽带着两个嫂嫂——刘备的两位夫人向曹操投降。同年，关羽斩杀颜良、文丑。

公元212年，关羽镇守荆州。

公元215年，鲁肃与关羽就归还荆州问题进行谈判，最终不欢而散。

公元219年，刘备自称汉中王，封关羽为前将军，假节钺。同年，关羽进攻荆州北部樊城，水淹七军，威震四方。

公元220年，关羽败走麦城，被孙权擒获，最终被杀害。

人物简评

　　在中国历史上，关羽是一个比较特殊的人物。他生前建立了足以威震整个华夏的功劳，成为了三国时期大名鼎鼎的战将，位列蜀汉"五虎上将"之首。关羽去世之后，人们都还在怀念他的忠义与功绩，对于他的评价，也是不断地提高，由生前的将领、侯爵，慢慢地提升为公、王、帝君、大帝，以至于成了与"文圣"孔子相媲美的"武圣"。蜀汉追谥为"壮缪"，宋朝加封武安王，明朝万历中封"协天护国忠义大帝"，民国初年，袁世凯在北京德胜门内安设武庙，崇祀关羽与岳飞，以便作为军人的表率与学习的楷模。

生平故事

兄弟情深　初建功勋

　　关羽年轻的时候嫉恶如仇、孔武有力。根据民间传说，关羽以前是打铁的，也有说是卖粮食的，众说纷纭，总之就是出身并不好。不过也有人说，关羽以前不姓关，因为他年轻的时候杀了人，才改姓关的。

　　据说，有一天，关羽投宿在县城的一间旅店内，半夜的时候突然听到了隔壁的哭声。一问之下，才知道这人名为韩守义，他的女儿被县城中的一个恶霸吕熊强占了，吕熊是当地的员外，他勾结官员，无恶不作。当时，解州城因为和盐池离得比较近，谢州城里的地下水都是咸的，根本无法食用，而只有几口甜水井在城中散落。吕熊让人将城里的甜水井全部填上，只留下了他家后院的井。而且还规定，只允许年轻貌美的女子前来挑水，否则都不能进入后院。最后，这些年轻的女子都遭到了吕熊的侮辱，百姓心里也充满了怨恨。可惜，吕熊财大势大，人们也只是敢怒不敢言，谁也没有办法。韩守义的女儿被吕熊霸占后，老人家是叫天天不应叫地地不灵，只能半夜哀伤哭泣。关羽听后，心中顿生怒火，拿着自己的宝剑便闯入了吕家，将吕熊一家全部杀掉，并且把吕熊抢占的女子给解救出来。随后，他又连夜逃到他乡。在过关口时，被守城人盘察，他情急之下才说自己姓关，从那之后，便一直沿用关姓。

他为了逃避罪责逃到了涿县（今河北涿州）。在这期间，关羽结识了两个人，即刘备与张飞，三个人一见如故，感情处得十分融洽，情同手足。在这里需要特别声明的一点儿是，有三国演义的小说中曾经说，他们三个人因为相见恨晚，就在一个桃园中结拜做了兄弟，称为"桃园结义"。其实，在真实的历史中，这个故事是不存在的。

张角率领的黄巾大起义爆发之后，刘备作为刘氏皇族旁系宗亲，也召集了一支规模不算太大的队伍，参与了汉朝对于黄巾起义军的镇压。关羽与张飞一起，加入了刘备领导的军队当中。从此之后，关羽在戎马一生之中追随着刘备，忠心耿耿，为他南征北战，立下了赫赫战功，成为了刘备建功立业相当得力的干将。

刘备虽然是贵族，但也是十分破落的贵族，在参加战争前没有任何的势力，他依靠着当地富商的资助才组建起了一支属于自己的队伍。在关羽和张飞等人的鼎力相助之下，刘备的军队打了很多胜仗，队伍慢慢地壮大起来，发展得非常快。战争结束之后，刘备本人因为镇压黄巾起义立下了大功，被提拔为安喜（今河北安国西北）的县尉，主要负责一个县的军事。

显露身手　忠心事主

公元189年，汉灵帝逝世，各种势力开始了权力的争夺，朝野上下变得混乱不堪。在外戚何进的辅助之下，年轻的皇帝继承了王位。朝中的宦官们联合起来将何进杀了。之后，地方军阀——董卓又趁这个机会率领兵将，悄悄地进入京城洛阳，并且将何进拥立的新皇帝废除，拥立汉献帝继承皇位，而将朝政大权全部揽在自己的手中，朝中大小事务都是他说了算。第二年，关东（通常泛指函谷关或潼关以东地区）的官僚也推荐袁绍作为盟主，联合起来举兵对董卓继续讨伐。刘备率领部众参加了征讨董卓的战争。关羽作为非常重要的战将跟着刘备一起出征，他积极主动地参加战斗，作战非常勇敢。在汜水关一战当中，董卓手下大将华雄武艺十分高强，势不可挡，接连挫败联军好几阵，将好几员将领都斩杀了。这个时候，关羽自告奋勇，前去迎敌，诸侯之一的袁术认为关羽只不过是一个地位十分卑微的马弓手，也就是普通的骑兵，如果让他出战不但不可能取得胜利，而且还会被董卓方面耻笑，于是根本不予重视，对于关羽的请战表示拒绝。曹操却说道："这个人仪表不凡，对方如何得知他只不过是一个马弓手？不如先让他出战，倘若失败再追究他的责任也不为晚。"在曹操的坚持推荐之下，关羽代表联军应战华雄。临行之前，曹操为关羽斟了一杯热酒，祝其对战顺利。但是，关羽却说，等胜利回来之后再喝。于是，关羽从中军帐快步走了出去，飞身上马，力战华雄，没用多长时间，就将华雄斩杀，胜利归来，酒杯中的酒还是温热的。这就是历史上非常著名的"温酒斩华雄"的故事，由此可见，关羽超人的胆略与不一般的武艺。

汜水关一战，董卓大败而归。

公元 191 年，董卓推断自己力量不能够抵挡得住联军，在大肆烧杀掳掠后，从洛阳退了回来，回到了长安。没有过多久，董卓就被设计死在了吕布的手中。关东各个地主武装的联盟也宣告解体，彼此间开始了互相攻打与兼并，军阀混战的局面正式形成。

曹操将汉献帝迎接了回来，迁都许昌，被封为汉朝的丞相。从此之后，曹操就开始"挟天子以令诸侯"，在政治上取得了主动的地位。刘备也被提升为刺史，尽一切可能地扩大自己的势力范围。

后来，刘备又依附于徐州牧——陶谦。没过多久，陶谦去世，他就继任成为了徐州牧。

公元196年，淮南军阀袁术，对于刘备拥有徐州非常不满，与被曹操打败又投奔刘备的吕布相互勾结，将刘备打败了。刘备前去投奔曹操，曹操率领大军亲自征讨吕布，吕布大败被斩杀。关羽在曹操东征吕布的时候，在曹军中数次立下战功，被拜为中郎将，其地位仅仅在将军之下。

公元199年，曹操派遣刘备前去截击袁术，刘备趁这个机会背叛了曹操。利用曹操的徐州刺史——车冑出城相迎之机会，关羽举起大刀，一刀将车冑就给劈死了，张飞将车冑的首级斩下来，招降了曹军。刘备派关羽在下邳驻守，执行太守的职权，自己在小沛（汉代沛县的别称，今天的江苏沛县）驻守。

公元200年，曹操发动大军对刘备进行攻击，很快，小沛就失守了，刘备落荒而逃，前去投奔袁绍。关羽所驻守的下邳被曹操的大军围得水泄不通，城内没有粮草，城外没有援兵。曹操非常爱惜关羽的才华，想要将他劝降。曹操手下大将——张辽与关羽是朋友，曹操便让张辽前去说服关羽向曹操投降。

张辽对关羽说道："如今到处都是曹公的人，如果你不投降的话，那么就一定会死。你这样白白地死了也没有什么好处，还不如暂时向曹公投降，再慢慢地打听你的兄长——刘备的消息，等到打听到了刘备的消息，再去投奔他也不晚。这样做有很多好处，第一，可以使你的两个嫂嫂，也就是刘备两位夫人的生命得以保全，你也可以向刘备交代了；第二，这并不违背你们桃园结义的约定；第三，这还可以使你自己的生命得以保全，以便日后能够有所作为。"

关羽说到："要我投降可以，但是必须答应我三个条件，倘若答应我的这三个条件，我就立即投降；倘若不答应，那么我宁死也不会投降。第一，我只是降汉不是降曹；第二，保证二位皇嫂的安全，依据皇叔应该得到的俸禄给予赡养；第三，知道兄长刘备的下落之后，无论他在什么地方，我都要离开曹操的军营前去投奔。"

曹操在张辽等人的劝说之下，对于关羽的条件都答应了下来。关羽在禀明两位皇嫂，得到她们的同意之后，带着刘备的家眷向曹操投降。

曹操班师回到许都（今河南许昌）之后，非常器重关羽，给予他相当优厚的待遇，并且上表奏请皇帝册封关羽为偏将军。曹操本人对于关羽更是"三日一小宴，五日一大宴"，并且经常赠送很多美女、金银以及各种礼物给关羽。关羽将美女送到两位皇嫂那里做了侍女，将那些金银珠宝等礼物，厚封不动地保存起来。

曹操看到关羽的战袍有一些破旧了，就命人用上好的布料给关羽专门制作了一袭战袍，但是在穿着的时候，关羽依旧将旧战袍穿在外边，将新战袍穿在里面。曹操问他为何如此简朴，关羽回答说，旧战袍是大哥刘备所赐的，穿上旧战袍，就好像看到兄长一样亲切。曹操听了之后十分失望。

曹操又将吕布的坐骑追风赤兔马送给了关羽，但是，关羽从来没有对曹操的赏赐表示过感谢。曹操非常奇怪，问他其中的缘由，关羽回答，这匹宝马跑得相当快，有了它之后，我就能够尽早地回到兄长刘备的身边了。曹操听了之后非常后悔。

关羽不但武艺非常高强，而且十分喜好学习。他对于阅读兵书古史非常感兴趣，特别喜欢读《春秋》和《左传》，常常手不释卷，秉烛夜读，通宵达旦。

经过一段时间的交往，曹操对于关羽的武艺与为人更加敬佩，他再一次派遣张辽前去探问关羽是否愿意留下来为他卖命，关羽十分干脆地回答道："我知道曹公待我情意十分深厚，但是大哥刘备对我有知遇之恩，我曾经发过誓要与大哥刘备同生共死，我绝不能够背叛他。我不可能长久地留在这里，只要知道了大哥刘备的下落，我就会立即离开与之会合。但是，我必定要报答曹公的厚恩，然后再走。"张辽回去之后，将关羽的话如实地告诉了曹操，曹操叹息说："关羽果真是一个讲诚信、重义气的壮士，倘若能够为我所用该有多好啊！"

同年，曹操和河北的袁绍反目，袁绍派遣大军向曹操发起进攻，这就是历史上十分著名的"官渡之战"。"官渡之战"给了关羽报答曹操的知遇之恩提供了一个绝好的机会。在官渡之北，有一个县城，叫作白马，曹操派军队在这里驻守，以便阻挡袁绍，防止其渡过黄河。

公元200年4月，两军开始交战，袁绍手下有着众多的兵将，其装备也十分精良，而曹操军队的情况就差很多了，与袁绍相比很明显处于劣势。袁绍大军渡过黄河之后，将白马团团地围住。

袁绍军队的前锋是著名将领颜良，这个人骁勇善战。曹操的东郡太守刘延遭遇到了颜良的攻击，接连损兵折将，部队伤亡非常惨重。曹操派遣大将张辽与关羽出兵白马对刘延进行援救。在两军激战正酣的时候，关羽在千军万马中策马疾驰，连续斩杀袁绍军队数名将领，颜良措手不及，也被关羽斩杀。

曹军乘势追杀，袁绍大军溃不成军。颜良是袁绍引以为傲的大将，武艺不同一般，但是在关羽面前却显得不堪一击。"白马之围"解除了，关羽的盖世武功再一次威震四海。袁绍手下还有一位著名将领，叫作文丑，他率领七万兵将渡过黄河，直逼曹操的营寨，想要给颜良报仇。

曹操的大将张辽、徐晃等人，先后迎战大将文丑，都被他击败。在十分危急的时刻，关羽赶来，二人只交战了三个回合，文丑就被打败了，关羽骑马追上文丑，也将其斩杀了。袁绍连续失去了两员大将，士兵的士气大减，溃败而逃。战后曹操想要用高官厚禄将关羽留住，他再一次表奏朝廷，册封关羽为汉寿亭侯。

白马之战后，袁绍得知关羽在为曹操效劳，就对刘备进行责备。刘备急忙给关羽写了一封信，约他来袁绍这里相见。关羽接到刘备的信之后，禀明了刘备的两位夫人，打算马上启程。他封存了曹操多次赏赐的金银珠宝，将汉寿亭侯的印绶交还给了曹操，这就是历史上非常有名的"封金挂印"。

关羽又写了一封信向曹操辞行，然后带领车马上路了，直奔袁绍军营，前去寻找刘备，很好地体现了其威武不能屈、富贵不能淫的英雄气概。曹操手下的将领请示是否需要派兵将关羽追回来。曹操叹了一口气说道："他是决心要与他大哥刘备在一起了，去意已决，再追回来也没有用了。"

经略荆州　威震华夏

关羽经过万般辛苦，过五关斩六将，冲破了曹操兵将的百般阻挠，终于辗转与刘备会合，后来，又与刘备一起到达古城找到了张飞，离别失散多时的三兄弟终于在古城聚齐了。他们从古城又到了汝南（今河南平舆北），将曹操派来的将军蔡阳打败了。

建安六年（公元201年），曹操亲自率领大军向刘备发起进攻。刘备大败向南逃奔，投靠了荆州牧刘表。刘表派遣刘备率领本部人马在新野（今南阳市南）驻守。

公元208年7月，曹操率领号称百万的大军南下，想要一举将江南的刘表、孙权等割据势力消灭，统一全国。

在曹操大军还没有到达的时候，荆州刘表就因为疾病去世了，他的小儿子刘琮率领部众向曹操投降，当时的局势对于刘备来说，相当不利。刘备在曹军的不断进逼之下，向江陵（今湖北江陵）方向撤退，并且命令关羽带领一万名水军经过汉水赶往江陵会合。

在关羽到达江陵前，曹军已经在当阳（今湖北荆门南）的长坂（当阳东北）地区追赶上了刘备，刘备的军队抵挡不住，曹军俘获了刘备大量的人马与辎重物资。刘备与诸葛亮、张飞、赵云等几十骑改变方向，向汉水方向奔逃，在逃跑的过程中遇到了关羽，关羽护送他们到达夏口（今湖北武汉）。

之后，刘备与孙权为了共同的利益进行结盟，联手对抗曹操的进攻。孙、刘联军在赤壁（今湖北蒲圻西北），利用火攻大败曹操大军，逼迫曹操率领大军北返。赤壁之战最后的结果是，刘备、孙权、曹操三家将荆州瓜分了。刘备占领荆州的武陵、长沙、桂阳、零陵四郡（都在今湖南境内），后来又用"土地稀少无法养活人民"作为理由，从东吴手中借来南郡（在今湖北江陵），进一步扩大了地盘。刘备任命关羽驻守襄阳（今湖北襄樊市），任太守与荡寇将军，在荆州地区驻守。荆州位于曹、孙、刘三家的前沿地带，战略位置相当重要，对于刘备而言，向北可以进攻曹操，东进可以威胁孙权，这是刘备必守之地，也是曹操、孙权必争之地。刘备将据守荆州的重任托付给了关羽，也相当于将自己的安危交给了关羽，由此可见，刘备对于关羽是多么信任。

公元212年，曹操进攻汉中，益州（州政府所在地在今四川成都）的长官刘璋非常害怕曹操在占领汉中之后，乘胜进入蜀境，便派人向刘备求援。

刘备就将诸葛亮、关羽留下，镇守荆州，亲自率领一万人马进入蜀地。第二年，刘备在雒城（今四川广汉）受阻，给诸葛亮写了一封信，让他带领张飞与赵云前来雒城进行增援，留下关羽在荆州镇守。

诸葛亮依据刘备的意思，将镇守荆州的重担留给了关羽，命令他全权负责荆州的所有事务。诸葛亮在临行之前，放心不下荆州的安危，问关羽："倘若曹操与孙权同时向荆州发起进攻，你打算怎么办？"关羽说："分兵两路抵抗，各个击破。"诸葛亮说："那样一来，荆州就十分危险了，我请将军记住八个字：北拒曹操，东和孙权，意思就是说在北方与曹操实行对抗，在东方与孙权和平相处。那样荆州才可以确保无忧，请将军一定要牢牢地记在心上。"诸葛亮向关羽交代完了所有的事务，又千叮咛万嘱咐之后，才起程离开荆州。关羽带着关平一起为诸葛亮送行。当诸葛亮乘着船越走越远的时候，只见他突然拱起双手，向东方作了一个揖，然后直起身来，举起鹅毛扇，朝北方点了点。之后，就在一片苍茫中逐渐地隐没了。

诸葛亮做这两个动作时，关羽手捋着自己的长须，轻轻"哼"了一声。关平对此很不理解，悄悄问道："诸葛先生那么做是为什么呀？"关羽将手中的胡须一甩，冷冷一笑，说道："还是他那一套'东和孙吴、北拒曹魏'的老调子！"

公元214年，刘备取得益州之后，正式任命关羽总督荆州的一切事务，并且负责对曹操、孙权两家的防御工作。第二年，孙权派遣使者向

刘备索要当初借出去的荆州，刘备以夺取凉州（今天甘肃一带）之后再归还作为借口，尽力拖延着。

孙权派官吏强行接管长沙、桂阳与零陵三郡，关羽率领兵将将他们全部赶走了。孙权决定使用武力将荆州夺回来，他就派吕蒙率领大军向长沙、零陵、桂阳三郡发起进攻，又命令鲁肃率领一万人马进驻益阳（今湖南益阳）。刘备自然也不甘示弱，亲自率领五万大军进驻公安（今湖北公安南），又派关羽率领三万军队赶赴益阳，与鲁肃所率领的军队形成了一种对峙的状态。孙权、刘备两家军队剑拔弩张，随时都非常有可能爆发一场恶战。

为了不让孙、刘联盟破裂，鲁肃主动提出要与关羽谈判一下。在益阳前线，双方的军队各距百步之外，当中搭起了一个临时的帐篷，作为谈判之所，规定双方主将只能够带领贴身的侍从，携带短兵器参加会谈。

关羽只带着侍从周仓一个人，身挎单刀参加谈判。鲁肃也完全遵照规定参加了会谈，并且设酒席招待了关羽。

在谈判的时候，鲁肃严厉地质问关羽："你刘将军现在已经占领了益州，为什么还不履行诺言将荆州归还给我们呢？"关羽回答说："在赤壁之战中，我们左将军（指刘备）亲自上前线，每天废寝忘食，与你们主公孙权将军同心协力，共同抗曹，为战胜曹操做出了非常大的贡献，难道只能徒劳一场，连一块土地也分不到吗？"周仓也在旁边附和着说道："天下的土地，有德之人就可以占有，为什么必须要给你东吴呢？"鲁肃回答说："你们这么说是不讲道理的，想当初你们刘将军势单力薄，被曹操追赶得走投无路，甚至想要远走南方以便躲避曹军的追杀。孙权将军怜悯刘将军没有地方安身，所以才与你们进行结盟，并且将荆州借出去，以供你们暂时居住，帮助你们迅速发展。现在，你们已经发展了，而且也有自己的立足之地了，但是刘将军却忘恩负义，拒绝将荆州归还给我们，这到底是什么道理？有道是'贪而忘义，必遭祸患'。"关羽被说得无言以对，最后对鲁肃说道："您的话，我肯定会告知左将军，再进行商议。"

关羽回去之后，向刘备汇报了单刀赴会的经过。刘备听了之后，犹豫不决，恰好在这个时候，曹操亲自率领大军向汉中（今陕西汉中东）发起进攻。刘备与诸葛亮一同商量，担心会腹背受敌，决定派遣使者与东吴讲和。孙权也感到兵力不充足，没有完全获胜的把握，于是双方达成了协议，以湘水为界，将荆州地区一分为二，长沙、江夏、桂阳以东属吴；南郡、零陵、武陵以西归蜀。

就这样，孙权与刘备两家这才相安无事，暂时使矛盾得到了缓和。此后，关羽再一次回到南郡进行镇守。

公元219年5月，刘备与曹操作战，取得了胜利，将汉中攻了下来，曹操率领大军退回了长安。于是，刘备就自称汉中王，论功行赏，拜关羽为前将军，位列众将之首。

7月，吴魏两国开战，孙权向合肥发起进攻，曹操调兵到淮南攻打孙权，关羽趁着这个机会，率领部众北上进攻襄阳与樊城（今湖北襄樊市樊城）。襄阳与樊城是隔河相对的两座城市，互为犄角，扼控着汉水流域，地理位置相当重要。

曹操对于这个地方早就有了防范，预先派其心腹大将——曹仁在这里把守，以便防止刘备军队的进攻。收到关羽挥军北上的消息之后，曹操不敢有一丝一毫的怠慢，马上派遣左将军于禁与先锋庞德率领七队人马，前去襄阳、樊城帮助曹仁一起组织防御。

于禁与庞德将部队驻扎在樊城之北，与曹仁相互呼应。与此同时，曹操又派镇南将军徐晃率军驻扎在宛城（今河南南阳），以便根据战局发展随时对襄樊前线进行增援。

关羽所驻守的荆州在军事上十分敏感，是战事频频发生之地，所以在襄樊之战前关羽进行了一系列的准备。他派糜芳与傅士仁率领重兵守住卫江陵与公安，并且让他们负责供应前线所需要的粮草。

为了提防东吴向荆州发起偷袭，关羽下令在沿江地段，每隔二十里或者三十里设立烽火台，只要出现紧急军情，就可以随时报警，以便快速地回师救援，关羽的作战计划不能说不周密。部署完毕之后，关羽率领大军很快就渡过襄江（汉水的下游），将樊城团团围住。曹仁与于禁两路对关羽进行夹击，但是都遭到关羽的痛击，于禁与庞德的军队都损失十分惨重，非常狼狈地逃回驻地。曹仁也被打得落花流水，退回了樊城，不敢再出战。

这个时候，正是秋季，樊城地区连续下了十几天的大雨，汉水漫堤，樊城被围困在大水之中。关羽决定用水攻于禁，他下令赶制大小船只与木筏，并且派人将水口处堵住。大雨越下越大，水越积越深，江水暴涨，这个时候，关羽下令将堵口扒开，洪水漫天遍地，汹涌而下。于禁与庞德所统率的七支军队全部都被大水包围住了，不得不躲到高处以便避水。关羽趁着这个机会，命令将士乘早已经准备好的船筏向于禁的军队发起非常猛烈的进攻，曹军惨败，于禁向关羽投降。庞德率领部众进行顽强地抵抗，英勇作战，从早上一直战斗到中午，后来夺下了蜀军的船逃跑，但是因为蜀军追击十分迅速，船翻被擒。关羽看到庞德作战十分勇猛，是一员不错的猛将，就想着劝说他归服刘备，但是，庞德坚决不听，最后关羽无奈将他杀掉。

关羽加紧进攻樊城，同时又派兵把襄阳也紧紧地包围起来。樊城与襄阳已经成了两座孤城。这个时候，曹操的荆州刺史胡修、南乡太守傅芳，也都向关羽投降。水淹七军的消息传到了许都，曹操非常惊恐，他深深地知道关羽的厉害，甚至想要迁都到别的地方，好在司马懿等人晓以利害，他才将迁都的这个念头打消了。水淹七军后，关羽声势大振，一时间"威震华夏"。

骄傲自负　兵败麦城

襄樊之战的胜利，可以说是关羽军事生涯的光辉顶点。金无足赤，人无完人，关羽在军事上取得的伟大成功，并不能够掩盖与弥补他在政治上与性格上的缺陷。正是因为这些表现在普通人身上的小问题，却致使关羽在戎马生涯的后期遭受了非常重大的挫折。在襄樊战役之后没多久，胜利就逐渐地远离他了。

关羽素来以勇猛著称于世。在进攻樊城的作战中，关羽被曹仁军队的流箭射中了右臂。华佗为他检查之后说："箭头有毒，毒已经进入了将军的臂骨，必须将右臂切开，刮骨去毒，才能够彻底根治。"关羽说："具体是什么方法才能够治愈？"华佗说："在比较安静的地方立起一根柱子，在柱子上钉上一个大环，把将军您的伤臂穿在环中，拿绳子系住，然后用被子将您的头蒙住。我使用尖刀将您的皮肉割开，露出里面的骨头，然后将骨头上的箭毒刮去，再敷上一些药，用线缝上伤口就没事了。只是担心将军您害怕！"关羽说："我驰骋疆场这么多年，从来都是视死如归，有什么可害怕的？医治的时候也不必用什么柱子与大环之类的东西，请先生您马上动手吧。"于是，关羽下令设酒席招待华佗。他一边与诸位将领饮酒，一边与马良下棋，伸出右臂让华佗切臂疗毒。进行手术的时候，血流如注，很快，就流满了一盆，用刀刮骨窸窣作响，左右的人都掩面失色，但是，他仍然与诸位将领对饮、弈棋，谈笑自若。

在作战当中，关羽有万夫不当之勇，曾经在百万军中非常轻易地取下敌将的首级，有"万人敌"的美称。然而，他有勇少谋，缺少作为一名军事统帅的战略头脑与政治才能。刘备的谋士诸葛亮基于曹魏实力非常强大，吴蜀实力弱小的情况，制定了联吴抗曹的大政方针，关羽对此缺乏深刻的认识。

公元215年，在益阳前线，他单刀赴会与鲁肃就归还荆州问题进行了谈判，态度相当蛮横，损害了与孙权之间的同盟关系。当刘备攻下汉中后，孙权为了与关羽结好，又派遣使者前去商议聘娶关羽的女儿作为自己儿媳的事情。但是，关羽自大而且没有谋略，将吴国使者痛骂一顿，还说什么"虎女焉能嫁犬子"，导致孙权对刘备愈发不满，从而加快了孙刘联盟的破裂。曹操听取了手下谋士的建议，利用这个机会，与孙权进行联合，抄了关羽的后路，导致他陷入两面作战的困境之中。

正当关羽率领大军向北进攻曹操、节节胜利之时，曹操的手下司马懿等人向曹操献计说："刘备和孙权之间的联盟，表面看起来是亲密无间的，但是实际上并非如此。刘备的势力逐渐地扩大，孙权对此也是不愿意看到的。主公可以派人劝说孙权向关羽的后方发起突然袭击，答应他们事成之后，将江南之地封给孙权，采用围魏救赵的策略，攻其必救，关羽一定会撤兵回援，这样一来，襄阳与樊城之围就会不救自解。"曹操接受了这个计策，一面派徐晃率领部众对樊城进行救援，一面派人携带书信去劝说孙权。孙权看完曹操的来信之后，欣然表示赞同。

孙权内部对于刘备的不断发展与壮大也非常担心，并且对于刘备拒绝将荆州地区归还之事也是耿耿于怀，早就有偷袭夺取荆州的打算。当关羽北攻樊城的时候，驻守陆口（今湖北嘉鱼西南）的吴将吕蒙曾经向孙权指出："如今关羽攻击樊城，他之所以留下不少留守部队，就是因为担心我趁这个机会抄了他后路。"吕蒙建议孙权以治病为名，把他调回后方，使关羽误认为东吴并没有夺取荆州的意图，放心大胆地将荆州守备部队都调往襄樊前线，然后趁着他的后方空虚，发起突然袭击，夺取荆州。于是，孙权就公开将吕蒙召了回来，让当时没有什么名声的年轻将领陆逊代替他在陆口驻守。

关羽为人非常骄傲自负，总是看不上其他的将领。刘备进入蜀地争夺益州的时候，曾经将张鲁的部将马超收降，拜他为平西将军。关羽听到消息之后，心中非常不服，给诸葛亮写了一封信，提出质问："马超是什么样人？才能可以与谁相提并论？"诸葛亮回信说："孟起（马超字孟起）文武兼备，雄烈过人，是当今世上的英雄豪杰。可以与汉代名将黥布、彭越相媲美，可以与现在的翼德（张飞字翼德）并驾齐驱，但是比不上美髯公（关羽因为胡须很长而漂亮，人们称他为美髯公）超群绝伦。"关羽收到信之后，非常得意，并且将来信让宾客将领们相互传看。刘备自立为汉中王的时候，封关羽为前将军，与此同时，封黄忠为后将军。关羽看不上老将黄忠，当刘备派前部司马费祎带着前将军的印绶到荆州的时候，他大发脾气，怎么都不肯接受印绶，说："大丈夫绝对不能与一个老卒站在同一行列。"费祎劝说他道："从前萧何、曹参从刚开始就与汉高祖刘邦一起打天下，陈平、韩信都是后来的，论地位，韩信封了王，萧何、曹参不过封侯，但是，却没有听说萧何、曹参因为这个而有任何的抱怨。如今，汉中王因为一时的功劳，封黄忠为后将军。至于谈到功劳的大小与轻重，黄忠就不可能与君侯您相提并论了！更何况汉中王与君侯犹如一体，休戚与共，同甘共苦，君侯不应当计较官位的高低，待遇的厚薄。我只是一个使者，奉命而来，君侯如果不愿意接受印绶，我这就回去复命。不过，我认为君侯这种的举动实在是有失妥当的，担心君侯以后一定会后悔的。"关羽听了费祎这番话之后，经过认真的思量，才勉勉强强地接受了印绶。

陆逊到达陆口之后，鉴于关羽骄傲自负的弱点，又给关羽写了一封信，在信中，对关羽大肆吹捧，极力称颂关羽的军威战功天下无敌，称自己只是一介书生，对于行军打仗一窍不通，还请关羽多多指教。

与此同时，陆逊又假装担心地说道，曹操十分狡猾，很可能暗中增加兵力，强化襄樊前线的防御，并且等待机会进行反扑，请他多加防范。关羽看完陆逊的信之后，果然完全被他的谦词与颂扬迷惑了，感觉陆逊只不过是一位不知名的书生小子，根本不敢轻易地犯界，于是下令将部分荆州留守部队抽调去增援襄樊前线。

樊城、襄阳战役中，曹军固守坚城与蜀军进行对峙，关羽攻坚很难奏效，过了很长时间也没有攻下来，两军形成了一种僵持的状态。尽管关羽好几次请求刘备派兵进行增援，但是都没有结果。

孙权看到这个时候，时机已经成熟，就在公元219年闰十月，任命吕蒙担任大都督，率领吴军主力，孙皎率领后续部队，向蜀军占领的江陵发起了突然袭击。为了提防曹军由徐州南下袭击，孙权又给曹操写了一封信，表示愿意出兵对关羽的后方发起进攻，以便帮助曹军解樊城之围，并且要求为他保密。

曹操表面上同意为孙权保守秘密，暗地里却把这个消息泄露给关羽，希望他撤围离开，因为这样一来，樊城之围就可以解了，关羽回荆州后一定会与孙权交战，两敌相斗，曹操就可以坐收渔翁之利了。曹操接受了董昭的建议，用箭将孙权的信分别射入樊城关羽的营中。与此同时，

曹操又派徐晃率兵对樊城进行增援。

樊城的将士得到这封信之后，斗志大增，坚定了他们守城的决心。而关羽得到信之后自恃江陵、公安两地守备非常坚固，并没有马上撤兵，但是在犹豫不决之间，放慢了对樊城的进攻。等到曹军的增援部队赶到，徐晃发起反击，关羽战斗失利，又得到消息，说孙权对荆州发动突然袭击，这才下令从樊城撤退回来，但是为时已晚了。

吕蒙率领吴军沿江而上，在陆口与陆逊会师，然后继续向西前进。他率领三万兵马，分乘快船八十余艘进发。吕蒙从士兵之中挑选了一些水性非常好的人假扮作商人，都身穿白色的衣服，在船上摇橹，却将精兵隐藏在船内。

他们靠近江边烽火台的时候，受到守台士兵的盘问，东吴的士兵回答说："我们是商人，由于江中风大浪急，来这里避一避风。"他们还将随身携带的财物送给了守台的军士，被获准靠岸停泊。等到蜀军放松警惕的时候，东吴的精兵突然杀出，将几个关键地带的烽火台守军全部俘虏，没有走漏一丝消息，就这样，神不知鬼不觉地将蜀军的警戒系统给解除了。紧接着，东吴军队继续长驱直入，直取荆州。

吕蒙利用重金将被俘获的蜀军官兵收买了，让他们帮助吴军将荆州的城门骗开了，突袭取得了荆州。吕蒙立即传令，不准随意地杀人，不准掠夺民间的财物，违令者军法处置。他让荆州原来的官吏仍然履行各自的职责，不作任何更改，又命人好好照顾关羽的家人，不允许闲人去打扰。

驻守江陵、公安的糜芳与傅士仁两位将领，因为关羽过去对他们态度非常傲慢，心里早就对他不满。关羽率领大军北征曹操之后，由于军用物资供应不足，曾经狠狠地责备过他们两个人，并且还说在回师之后要追究他们的责任，导致糜、傅二将更是惴惴不安。吕蒙对这种矛盾加以利用，派人将傅士仁招降了，后来，傅士仁又招降了糜芳。吕蒙轻而易举地占领了公安、江陵，使蜀军失去了自己的战略后方。陆逊率领大军西上，又攻与夷陵（今湖北宜昌市东）、秭归（今湖北秭归），彻底切

37

断了荆州和益州的通道，使得关羽失去了战略后方。如此一来，关羽部队没有办法再进入四川境内，刘备也没有办法出四川对荆州进行救援。关羽在荆州地区不仅无险可守，而且无后方可以依托，成为了一支孤军，蜀军遇到了战略上的失败。

关羽知道南郡失守之后，连忙下令撤军南下。曹军没有进行追击，故意将关羽放走，让他去与吕蒙相斗，想要坐收渔翁之利。

在撤军的过程中，关羽先后几次派人去江陵打探吕蒙的动静。吕蒙非常热情地款待使者，让他们周游江陵全城，访问蜀军以及其家属，故意让使者看见吴军对待蜀军的优待，有病的给药治疗，饥寒者则赐给衣裳粮食。使者回到关羽军中之后，将看到的情况全部讲了出来，蜀军的军心立刻涣散，斗志锐减。

没有过多久，孙权又亲自来到江陵，增强了对关羽的进攻部署。关羽不敢再战江陵，只好在11月向西边的麦城（今湖北当阳东南）撤退。

孙权派人进行招降，关羽假装表示愿意投降，暗中在麦城城墙上树立旗帜、假人等，以便迷惑孙权，然后趁这个机会弃城向北逃。在逃跑的过程中，士卒失散，只剩下养子关平和贴身将士十多人。

12月，关羽逃到临沮（今湖北远安北）的时候，被吴军俘获。于是，荆州各郡完完全全被孙权占领。吴军将关羽押到孙权面前，孙权说："我对将军仰慕已经很久了，想和你结成儿女亲家，将军为什么不从？将军自以为天下无敌，为什么今天被我所擒？将军今天应该服我孙权了吧？"关羽厉声骂道："我今日不慎误中了你的奸计，要杀就杀，不必多言！"孙权十分爱惜关羽之才，想要饶他一命，劝其投降。但是，孙权手下的人都说："以前，曹操得到关羽，封侯赐爵，三日一小宴，五日一大宴，上马一提金，下马一提银。这样优厚的待遇都没有办法将他留住，他斩将闯关而去。主公又怎么能够将他留住呢，一定要三思而后行！"孙权思考了半天，最终下令将关羽斩杀了。关羽这位身经百战的骁勇将军，最终因为骄傲轻敌而落得一个丧师杀身的悲惨结局。

关羽死了之后，孙权将关羽的身躯葬在当阳，而把关羽首级送到了洛阳，献给了曹操。其用意就是想要告诉天下之人，擒杀关羽，实际上是曹操下的命令，他孙权只不过是奉命执行而已。曹操也是一个十分聪明的人，怎么可能不知道孙权的用意，怎么会为孙权背上这个恶名。于是，他下令用王侯的礼数将关羽首级葬在了洛阳，以表示他的大度以及对关羽的敬重。关羽的死给蜀国带来了巨大的损失，荆州的丢失使得三国势力此消彼长，曹魏将蜀国对它的军事威胁化解了，东吴将富饶的荆州收了回去，实力得到了很大的增强，而蜀国不但损失了一位不可多得的栋梁之材，而且战略空间受到了压缩，在三国相互角逐当中发展势头受到了很大的遏制。

桃园三结义的趣闻

其实桃园三结义还有另一种说法。

一结义

张飞原本是一个卖猪肉的。这天，张飞刚杀了一头猪，他担心一时半会如果卖不完的话，猪肉就会变臭变坏。虽然说张飞是一个鲁莽大汉，但是却是一个良商，从来不干欺诈百姓的事情。张飞想着，井水比较凉快，把肉放在井里，应该可以保鲜的。于是，他便把剩下的猪肉吊到门口的井里了。为了担心别人会把猪肉拿走，张飞又把一块千斤大石压在井口上，这下可是万无一失了。不过，张飞这么看着，感觉也没有什么意思，于是又在石头上写了一行字："谁能把这块石头搬开，可以免费拿走一块猪肉！"写完之后，张飞就拿着另一半猪肉，上街叫卖去了。

这时候，从南边走来一个大汉，推着一辆独轮小车，车子上还放着两布袋绿豆，他推着车子走到井边，想要喝口凉水润润喉。可是井口上却被张飞压上了一块大石头，这个大汉一看，心里真是生气极了，心想："这是哪家的小孩，竟然将石头盖在井上。"说着便把石头移开了，并没有注意石头上的字。将石头移开后，大汉提着井里的绳子，想要捞点水上来，谁知最后却捞上来一扇猪肉。这大汉心里惊奇极了，这井里怎么会出现猪肉呢，而且还有一把刀！这时，大汉才看到了石头上的字，他手起刀落，割下了一块好肉后，又把剩下的肉放在了井里，推着车子就走了。

而这一幕正好被在门口做针线活的张飞的老婆看到了，他想要阻止这个大汉，可是转念一想，丈夫已经把话留在了石头上，如果出尔反尔，确实不好。于是，便上前招呼道："这位好汉，还请留下姓名！""关羽。"大汉用手指指自己的红脸，又指指齐胸的长须，说："我经常在涿州观音街的粮食市上做生意，如果找我有什么事的话，可以去那里，肯定不会错的。"

张飞回来之后，老婆把关羽割肉的事情一五一十地说给张飞听。张飞听了之后，气愤地说："白白给了别人一块好肉，还让我丢人现眼，简直是欺人太甚！我也不是什么好欺负的，等着我找他算账去！"

张飞说着，便朝着涿州城奔走而去。他沿着观音街，仔仔细细地搜索着，最后果然看到一个红脸长须的大汉，面前还摆放着两袋绿豆。张飞心知，拿走自己猪肉的肯定是他了。于是，他上前道："喂，我说你这绿豆可以吃吗？"关羽一听这话，就知道来者不善，他强压住自己的怒火，说道："我售卖的绿豆可都是上等的货色，不信您自己瞧瞧。"

张飞把手插入布袋，抓住一把绿豆，使力一捏，绿豆瞬时成了绿豆粉，他把手往关羽面前一放，讥笑道："你这个骗子，竟然将绿豆粉当成绿豆来卖！"

关羽气愤地斥责他不应该弄碎自己的绿豆，张飞却怎么也不认账，非得说是关羽自己卖绿豆粉。就这样，两人你一言我一语，吵得不可开交。看热闹的人也越来越多，人们也不知道到底谁对谁错。这个时候，张飞也着急了，从袋中抓起一把绿豆便砸在关羽的脸上："想要脸，就不要吃我的猪肉，想要吃白食，那还要脸了！"

关羽这下明白了，眼前这位大汉肯定是那猪肉的主人了。可是关羽也不是好欺负的，想当初，关羽一刀劈了县官的脑袋，他还怕这个小角色不成。二人说不下，便打了起来。

这时候，走过来一个卖草鞋的，大声劝架说："你们两个臭小子都给我住手，竟然在我的地盘上动手，不要命了吗？有什么事情坐下来说清楚不就可以了。'

人们见这个劝架的人，长得白白净净的，身体瘦弱，身上的衣服也是破烂不堪，不禁嘲讽道："可真是好大的口气啊，真有本事，就把他们两个人拉开啊。"

这卖草鞋听了围观人的话后，果然飞步走到二人身边，一手拉住关羽的胳膊，一手扯住张飞的胳膊，用力朝两边一分，又朝下一按，张飞和关羽二人立即就如同楔进土里的橛儿，一点都不能动弹了。这是好大的神力啊！而这个也就是民间所传的一龙分二虎的故事。

围观的人连声拍手叫好，而关羽和张飞也是由衷地佩服。一问之下，才知道，这位卖草鞋的名为刘备。对于刘备这个人，他们也是早有耳闻，如今好汉碰好汉，好不容易三者聚在了一起，怎么能够错过这个机会。关羽和张飞都想要和刘备结识，刘备见他们二人都是英雄，也是从心里敬佩，并且希望能够结为兄弟。张飞生性是个爽快人，说："不打不相识，我们就在这里结拜就好了。"说着便在街上堆了一点土，随后还将几根细柴插在土上，当作是香烛，随后又拉着刘备、关羽二人，一起跪地磕头，结为了兄弟。而当时的百姓将此看作是他们的第一次结义。

二结义

俗话说："米面夫妻，酒肉朋友。"刘备、关羽、张飞三人能够结拜为兄弟，也离不开酒肉这两个字。那个时候，张飞是最富裕的一个，做的又是猪肉的买卖，所以经常请客的就是他；而关羽做的是粮食的生意，也不愁钱用，上门的时候从来都不空着手，后来，关羽也就负责买酒的任务；而刘备是一个卖草鞋的，本小、也没有多大的赚头，就连饱腹都有些困难，哪还有什么钱去请客呢。所以每次上门，刘备也就带着一张嘴巴去。关羽和张飞见那刘备一分钱也不愿意出，时间长了，也就接受不了了。于是，二人私下里商议，再这么下去可怎么行，哪怕是金山银山，也会被他吃空的呀。二人商量着，要找个机会，把刘备这个累赘除去。

这天，张飞刻意在自己的后花园里安排了筵席，他和关羽分坐在两边，而将上首的位置留给了刘备。酒菜刚刚上齐，刘备便带着一串草鞋来了（其实刘备也并不是每次都空手而来，有些时候，他还会给自己的两位兄弟带几双草鞋）。刘备可是一点也不客气，说："真是来得早不如来得巧，兄弟的好意我真是心领了！"说着，便坐在了上首的位置。关羽和张飞两人一看，心里不由得窃喜，这回你还能不死！原来，在刘备所坐的那里，铺了一张芦席，席子下面是一口井，他们想要让刘备掉进井里去。可是，刘备吃了半天，还是安安稳稳地坐在那里，没动一丝一毫。张飞心里很是吃惊，他装作离席吐痰的样子，悄悄绕到刘备的身后，暗暗将芦席揭开，只见这井里云烟缭绕，还有一条闪着金光的五爪金龙托着刘备。张飞吓得要叫出声来，他急忙盖好了席子，又装作若无其事地回到座位上，把自己刚才看到的事情告诉给了关羽。关羽心知，刘备将来肯定会大富大贵的，跟着他自己也一定会有出头的日子，于是便上前说："大哥，当初我们三个人结拜得太草率了。倒不如，现在在三弟的家里，把各种礼品都办齐了，重新祭天祭地，再结一次。不知大哥的意思如何呢？"

刘备心里，也想要结识这两位有钱的朋友，也好经常混吃混喝，于是想也没想便答应下来。张飞也明白了关羽的意思，大声附和道："二哥说的对，我们一定要重新对天发誓，同生共死，永不变心！"于是，这便是他们三人的第二次结义。

三结义

刘备每天白吃关羽张飞的食物，心里也是不安的。于是刘备和老婆商量，邀请关羽、张飞来自家里吃一顿。刘备的老婆为难道："虽然说人来人往是人之常情，哪怕是倾家荡产，我们也要请他们一次，我是没什么意见的。可是如今，你看看我们家里还有什么值钱的东西吗？如果让他们看到，以后肯定会瞧不起你的，这么做恐怕不合适呀！"刘备也知道自己的老婆说得有理，于是又说道："也没事，我自有办法应付他们。"

刘备借来了几条布袋，布袋里面全部装满了黄土，布袋的口朝下，成排竖在屋里。然后邀请关羽张飞来做客。

关羽、张飞是第一次来刘备家里做客，刘备的家只有一间破茅屋，甚至连墙壁都不完整，人站在屋里，都可以看到晚上的星星。炕上还铺着一卷烂草席，盖着破棉被，锅碗瓢勺都缺口断把，没有一样是完整的。不过，屋子里面却是摆满了各种各样的布袋，而且布袋里面全都装得满满的。关羽、张飞心下也是比较怀疑，于是便问刘备布袋里面装的是什么东西。刘备糊弄着说："黄金。"

关羽心里却是知道怎么回事，所以也并没有搭话，而是举起酒杯，想要把话题引到别处。谁知这张飞可是一个不识趣的人，硬要打破砂锅问到底："大哥，你可别打肿脸充胖子。我们都知道，你可穷得连饭都吃不饱，怎么可能有黄金呢？"说着，他还上前摸了摸，只见这口袋里面硬梆梆的，心里也就有了疑问："难道真是黄金！"对于张飞的疑问，刘备也是半遮半掩地糊弄过去，他拉住张飞说："不要再琢磨这个事情了，来，我们喝酒！"

刘备越是这样，张飞越是不肯走，一定要弄个水落石出不可。他双手紧抱布袋，一使力将布袋翻转过来一看，里面果真都是黄灿灿的金子，这下屋子里所有人都惊呆了。刘备说："真是三人一条心，黄土也能变黄金啊！"

关羽恍然大悟说："看来这是上天的意思啊，只要我们三个人同甘共苦，就算是天下也能够打下来的。不如我们在这里再结一次吧。"

其实这只是刘备瞒着夫人，用泥巴捏成了几袋元宝，然后又涂上金漆而已！关羽和张飞也没有多想，更没有用牙咬上一口试试。他们也不想想，如果刘备真的有那么多黄金，还用得着卖草鞋吗？

刘备家住在楼桑村，村西头有一个大桃园。这个时候，桃花盛开，园中生机勃勃，于是三人便选择在那里进行结拜，而这又是他们三人的第三次结拜，史称"桃园三结义。"

第三章

万人之敌的一代猛将——张飞

名将档案

☆姓名：张飞

☆别名：张益德，张翼德

☆民族：汉族

☆出生地：涿郡（治今河北涿州）

☆出生日期：不详

☆逝世日期：公元221年

☆主要成就：陆路取西川，宕渠大胜

☆谥号：桓侯

☆生平简历：

公元184年，张飞担任别部司马。

公元196年，张飞镇守下邳。

公元213年，张飞、诸葛亮、赵云等领荆州兵入蜀增援。在江州，张飞生擒刘璋大将严颜。

公元218年，张飞为巴西太守，并且率领一万多精兵，大败张郃，使益州转危为安。

公元219年秋天，刘备占领汉中，自称汉中王，拜张飞为右将军，假节钺。

公元221年，张飞担任车骑将军，领司隶校尉，进封西乡侯。同年，张飞被麾下将领张达、范强谋杀。

人物简评

　　提起张飞，他可是一个家喻户晓的历史人物。但是，随着一千多年来的渐渐演变，这个人物留给人们的印象与历史上的真实形象有了非常大的差距。早在唐朝时代，诗人李商隐就曾经说过："或谑张飞胡，或笑邓艾吃"，而在民间对于张飞形象的说法则更为直接了，俗称"莽张飞"，由此可见，在三国之后，张飞这个人物的形象就有了一个特殊的定位：莽汉。然而，在这历史记载中，张飞并不是一个鲁莽之人。

　　西晋史学家——陈寿在《三国志·张飞传》中给张飞下了一个评语："关羽、张飞皆称万人之敌，为世虎臣。羽报效曹公，飞义释严颜，并有国士之风。然羽刚而自矜，飞暴而无恩，以短取败，理数之常也。"

　　陈寿的这个评价可以说是十分中肯的。作为三国时期刘备集团的一代名将，张飞为了刘氏集团的发展与壮大立下了巨大的战功。张飞不但骁勇善战，而且智勇全双，是一位非常难得的帅才。不过，张飞这个人的性格有一些暴躁，稍有不顺心的地方，就鞭打手下兵卒，事情发生之后却依旧将这些遭受暴打的兵卒留在自己的身边，这就为他日后的被暗杀埋下了隐患。刘备曾经数次提醒张飞应当体恤兵卒，但是，张飞一直没有放在心上，最后造成了被杀的悲惨结局。这也只能说是张飞咎由自取，怪不得别人。不过，纵观张飞的一生，说他是三国著名的将领，也是名副其实的。

生平故事

追随刘备　陷入混战泥潭

　　张飞与蜀汉王朝的第一位皇帝刘备是同乡。张飞的表字为益德。说起他这个表字，这里面还存在一段故事。在西晋史学家——陈寿的《三国志·张飞传》与东晋常璩的《华阳国志》中清楚明白地写着：张飞，字益德。这本来是没有任何疑问的。但是直到今天仍然有不少人认为，张飞的表字，应该是翼德而不是益德。那么，这个错误大致是从何时出现的呢？从现存的资料来看，大约出现在宋元时期，极有可能出自民间艺人们的杰作。他们按照张飞的这个飞字就望文生义，硬生生把张益德变成张翼德。而在元代的《三国志平话》，张飞就已经变成了翼德了。实际上，那个时候，罗贯中已经注意到了这个错误，所以在他所著的《三国志通俗演义》中，就把"翼德"这个民间艺人的错误给纠正了过来，他依据史料记载，把张飞的表字还原成了"益德"。然而，这个纠正到了清朝时代又被毛纶、毛宗岗父子给改回去了。毛纶、毛宗岗父子在修改罗贯中原著的时候，又将原来正确的"益德"改成了错误的"翼德"。而由他们父子改编的《三国演义》已经是那个时候最为流行的版本，于是，他们以讹传讹所用的"翼德"，也就变得家喻户晓了，而张飞真正的表字——"益德"就慢慢地被人们给遗忘了。

　　说完张飞的表字，现在再来说说张飞的出身。对于这个问题，不管是陈寿的《三国志》还是常璩的《华阳国志》里都没有给出相应的介绍。不过，从宋元时期起，张飞的出身就有了一个民间的说法。《三国志平话》中说，张飞是"家豪大富"，而到了《三国演义》中则说，张飞是"卖酒屠猪"的富户，很显然，这是民间艺人们站在市民化的角度为张飞塑造出来的形象。不过，有一点倒是对的，张飞至少不会与刘备一样，需要以卖草鞋为生，也不会像关羽那样不得不亡命于江湖。因为虽然在《三国志》与《华阳国志》中没有记载张飞的出身，但是在后来的一些旁系资料中却可以找到张飞出身的一些十分有用的线索。元朝吴镇在《张益德祠》中就提道："关侯讽左氏，车骑更工书。文武趣虽别，古人尝有余。横矛思腕力，舐象恐难如。"明朝卓尔昌《画髓元诠》记载："张飞……喜画美人，善草书。"清朝《历代画征录》也有记载："张飞，涿州人，善画美人。"南宋王象之《舆地记胜》、明代曹学佺《蜀中名胜记》以及《保宁府志》、《阆中县志》中都有张飞石碑的相关记载。从这些资料中能够得出这样一个结论：早年，张飞接受过非常良好的教育，而擅长书法与绘画，从这个角度进行判断，张飞的家庭出身应当是有着很浓厚文化氛围的士人家族。

简单地介绍了一些张飞的基本情况之后，我们再一起来看看张飞与刘备、关羽等人相识的情形。大家都知道，刘备、关羽、张飞亲如兄弟，但是所谓的"桃园三结义"只不过是小说家们的艺术虚构罢了，并非历史的真实存在。不过，在这里有一点需要特别指出来，那就是虽然刘备、关羽、张飞没有结成那个所谓的异姓兄弟，但是他们三个人的关系确实是非比寻常。根据《三国志·张飞传》中的记载，关羽要比张飞年长几岁，张飞一直把关羽视为自己的亲哥哥一样看待。三个人在镇压叛乱的一系列战争中的同心协力、并肩作战，使得三人之间的感情也逐渐地变得越来越深厚。

公元184年，规模巨大的黄巾起义爆发，东汉政府组织大量的军队对其进行围剿，各州各郡也纷纷举兵进行讨伐，张飞跟着刘备一起参与了由校尉邹靖组织的州郡军队，开始了长达数十年的军旅生涯。

公元187年，刘备因为在战斗中立下了功劳，而被授予了安喜县尉的职务。但是，随后不久之后，就因为殴打督邮而遭到通缉，丢掉了自己的官职。这就是后人非常熟知的"怒鞭督邮"的故事。这里需要特别指出的是：在国人当中流传相当广泛的"张飞怒鞭督邮"的故事，并不是历史的真实。真正殴打督邮的人不是张飞，而是刘备。

这个故事非常清楚明白地被西晋史学家陈寿记录在《三国志·先主传》中。故事的大致意思也与文艺作品中的描述有着一定的出入。在文艺作品当中，督邮是由于向刘备索要贿赂而遭到了张飞的一顿痛打。而在真实的历史记载中，刘备是由于担心自己的官职保不住，而去向督邮打听。对于刘备的询问，督邮直接毫不留情地给予了拒绝。刘备在一时之间，没有能够很好地控制住自己的情绪，因而直接冲进督邮的住所将他狠狠地揍了一顿。只不过这个故事，后来被移花接木，硬安到了张飞的身上。

刘备弄丢官职之后，又在中原地区闯荡了好几年，直到公元191年前后投奔了自己的同窗好友——公孙瓒。那个时候的公孙瓒是中国北方地区实力十分强劲的割据势力之一。在公孙瓒的庇佑下，刘备不仅有了一个可以容身的地方，而且还被公孙瓒提升为平原相。张飞作为刘备的部下，一直追随其到处征战，在刘备被封平原相之后，张飞是刘备手下的别部司马，与关羽一起负责统率平原境内一支规模不是很大的武装力量。在刘备担任平原相期间，刘备、关羽、张飞三个人的关系变得越来越亲密了。《三国志·关羽传》中说："先主与二人寝则同床，恩若兄弟。而稠人广坐，侍立终日，随先主周旋，不避艰险。"这可以说不是兄弟却胜似兄弟了。

但是，刘备等人在平原的太平生活并没有能够维持很长的时间，随着中原局势的日渐复杂，他们也不得已地卷入了诸侯混战之中。那个时候，正在迅速成长与壮大的曹氏（曹操）集团就成为了他们的第一个对手。

公元194年，中原地区已经逐渐地演变成为了两个军事、政治同盟之间相互较量的战场。一方面以袁绍、刘表、曹操为首，另一方面则以袁术、公孙瓒、陶谦为首。双方分别在冀州、青州、兖州以及徐州地区展开一场规模巨大的混战。这个时候，作为公孙瓒的下属，刘备奉公孙瓒之命与青州刺史田楷一同对徐州牧陶谦进行增援。张飞也与刘备、关羽等人一同进入了徐州地区与曹氏（曹操）集团作战。虽然在平原三年的时间中，关羽与张飞手中已经拥有了一支相对独立的军事力量，但是这支军队的实力仍然又弱又小，面对曹氏（曹操）集团的进攻，它根本就没有任何办法进行抵抗。尽管为了增强刘备的力量，徐州牧陶谦还专门将一支四千人的精锐——丹阳兵拨给了刘备，并且派遣自己的嫡系将领曹豹和刘备等人一同防守郯东地区。然而在曹操大军异常猛烈的进攻之下，刘备的军队依然显得不堪一击，没用多长时间，就被曹操的大军打得七零八碎。张飞也不得不跟着刘备、关羽以及曹豹落荒而逃。倘若不是因为这个时候曹操的大本营——兖州发生了张邈、陈宫等人组织的叛乱的意外，毫无疑问，刘备的这支军队将会非常有可能遭受灭顶之灾。

同年年底，徐州牧陶谦因为疾病去世。陶谦在临终的时候，将徐州拱手送给了刘备。刘备也因为这样而摇身一变成为了徐州的主人——徐州牧。就这样，徐州成为了刘备的地盘。但是，刘备是不是立即就能够安安稳稳地在徐州待下去呢？答案是否定的。袁术集团会第一个站出来表示反对。袁术集团对徐州早已经是虎视眈眈的，想要将徐州纳入自己的版图内，所以在两年之后开始对徐州发动了进攻。刘备不得不亲自率兵将前往盱眙、淮阴进行防御，在临行之前，刘备委任张飞镇守徐州重镇下邳，并且将自己一家老小一起托付给了张飞。非常遗憾的是，张飞却辜负了刘备的信任。他与数年之前还曾经是一个战壕的战友——曹豹产生了很大的矛盾与冲突，在一怒之下，张飞居然把曹豹给杀了，这不仅导致曹豹手下将士的强烈不满，而且还使得下邳城内的形势一下子变得十分混乱。这个时候，正在与刘备作战的袁术看着有机可乘，就给那个时候正在徐州寄寓的凉州军阀吕布写了一封信，在信中，他以资助粮草作为条件，煽动吕布对下邳进行偷袭。吕布早就对徐州有所图谋，收到袁术的来信之后，感觉时机已经到了，于是，吕布当机立断派遣兵马从水路东下，来到距离下邳城西仅仅只有四十里的地方，准备对下邳发动进攻。这个时候，刘备手下的中郎将许耽投靠敌人，并且联合曹豹的旧部悄悄地将下邳城门打开了，使得吕布的偷袭最终成功了。进入城门之后，吕布端坐在城门楼之上，步骑兵在城内进行放火，并且立刻对张飞的守军展开猛烈的进攻。张飞由于猝不及防，没过多久就被赶出了下邳，就连刘备的妻子孩子也都被吕布所俘获。不得不说，这一仗，张飞打得的确是窝囊透了。

在丢失徐州后数年之内，刘备经历了和吕布的再一次进行联合、再一次反目成仇的几个轮回之后，最终投靠了曹氏（曹操）集团。

曹操在建安三年（公元198年），对盘踞徐州的吕布集团发起了猛烈的进攻，张飞与刘备、关羽一同参加了这次复仇的战斗，并且在同年12月在下邳将吕布集团彻彻底底地消灭了。徐州之战之后，张飞也被曹操委任为中郎将之职。虽然在史料中没有记载具体的战例，但是这个时候的张飞早已经是名震中原了。曹操的谋士郭嘉与程昱都把关羽与张飞一同誉为"万人敌"。

后来，刘备与曹操之间也反目成仇，公元200年，刘备万不得已从刚刚占领的徐州离开，准备前去投靠正在官渡与曹操展开战略决战的袁绍集团。然而，好景并不长，没过多久，刘备就发现跟随袁绍很难成就一番大业，又选择了离开袁绍独自在汝南地区发展属于自己的势力。然而，在曹操大军的大力打击之下，刘备不得不再一次选择逃跑。这一次，张飞又跟随刘备来到了荆州地区。

自从中平元年跟随刘备起兵开始，一直到逃难逃到了荆州，张飞在中原地区摸爬滚打了已经将近二十多年的时间，历经了那个时候发生在中原地区的好几次大战，其足迹也经过了幽州、扬州、豫州、徐州以及冀州多地。虽然身经百战，威震中原，但是在十分强大的曹操集团面前，张飞的勇猛并未得到一个用武之地，只能跟着刘备一起好似丧家之犬一样，在中原大地上到处流浪。尽管这个时候的张飞已经有了"万人敌"的赞誉，但是因为刘氏（刘备）集团的力量过于弱小，张飞的勇冠三军也没有能够帮助刘备打下一块十分牢固的根据地，以便发展自己的势力。不过，在中原的将近二十年时间里，张飞不仅与刘备、关羽等人结下了生死之交的友谊，而且也组成了自己的一个小家庭。根据《魏略》记载，就在建安五年，张飞碰巧与曹魏大将夏侯渊的堂侄女相遇，并且将其娶回了家，使其成为了自己的妻子。如此一来，在无意之间，张飞又与曹魏集团非常著名的夏侯家族扯上了亲戚关系。

享受太平　喜得贵子

公元 201 年，刘备讫往荆州，投奔当地割据势力刘表，在那里一待就待了七年的时间。在这段时间内，刘氏（刘备）集团得到了巨大的发展，不但军事力量上得到了很大扩充，而且还与荆州各阶层形成了非常良好的关系，在荆州境内算是站稳了脚跟。

在这段时期内，刘备还"三顾茅庐"，将"卧龙"先生——诸葛亮请下了山，帮助自己成就大业。不过，对于诸葛亮，刚开始的时候，张飞与关羽一样都显得十分不以为然。这也难怪，毕竟这个时期的诸葛亮仅仅只有二十七岁，根本没有一丝一毫的实际经验。而刘备却对诸葛亮相当器重，也更加使二人感到很不满，万幸的是，有刘备在旁边及时地进行阻止，这才避免了诸葛亮在加盟刘氏（刘备）集团初期就遭到关羽、张飞这两位元老的指点与批评。

在荆州七年多的时间中，张飞享受了一生当中非常难得的太平时光。除了公元 202 年年底跟着刘备、关羽在叶县对曹操手下的大将夏侯惇、李典、于禁等人的进犯进行阻击之外，再也没有其他战事的发生。张飞的大儿子张苞与女儿也是在这个时期出生的。

益州争夺战

张飞的幸福生活并没有能够维持很长的时间。随着曹操巩固了中国北方的统治地位之后，曹操将下一个征服的目标，瞄准了荆州。

公元 208 年，曹操的大军开始猛烈地进攻荆州，战争还没有分出胜负，荆州牧刘表就在这个时候因为疾病去世了。刘表的大儿子与小儿子争夺继承权，最终小儿子刘琮获胜，继任刘表职务。刘琮继任之后，并没有继续与曹操对抗，尽力保护荆州不受侵犯，而是选择将荆州拱手送给曹操。

刘备在得到刘琮投降的消息之后，连忙率领自己的部众从樊城向南撤退。在经过当阳长坂地区被曹军精锐——虎豹骑追上。面对曹操的虎豹骑的攻势，刘备脆弱的防线根本没有一点儿办法进行抵抗，其结果是，刘备的部众不仅伤亡十分惨重，而且就连徐庶的母亲以及刘备自己的两个女儿都被虎豹骑俘获。刘备在慌乱之中，就连自己的妻子孩子都没有顾上，只能在张飞的掩护下夺路逃跑了。眼看着曹军渐渐地逼近，身边只剩下二十多名骑兵的张飞挺身而出，表演了一出扬威长坂坡的壮举。

根据《三国志·张飞传》记载，张飞眼看着曹操的追兵不断地逼近，果断地命令二十多个随从快速把长坂桥拆毁，自己则单人独骑立在桥边，对着桥对岸曹操的追兵高声叫喊道："我是张益德，你们谁敢过来与我决一死战？"张飞大无畏的勇气给了虎豹骑的曹军将士巨大的震慑作用，竟然没有一个人敢上前与张飞进行较量。张飞在长坂桥的壮举为刘备与诸葛亮等人从虎豹骑的包围圈中逃离出去，争取了一定的时间，刘备等人因为这样才终于脱离了危险，最终得以和关羽所统率的水军进行会合，屯兵夏口。随后，在江东谋士鲁肃与诸葛亮的建议之下，刘备派遣诸葛亮作为使者出使东吴，最终与孙权结成联盟，共同抵抗曹操的大军。孙刘联军在赤壁之战中，相互协作将曹军大败，为日后的三足鼎立的局面奠定了坚实的基础。

赤壁之战后，刘氏（刘备）集团快速向荆州地区扩大自己的势力范围，没用多长时间，就将武陵、长沙、桂阳、武陵四郡拿下了。后来，刘备又从孙权手中借来了南郡部分地区，并且将其一部分分置为宜都郡，张飞被任命为宜都太守。为了给予劳苦功高的张飞以表彰，刘备还专门任命张飞为征虏将军，封新亭侯。

张飞的武勇虽然在赤壁之战前后表现得不是很多，但是他的威名早已经传遍了大江南北，就连东吴著名将领周瑜也对张飞的武勇表示赞美与欣赏，称他为"熊虎之将"。

在夺得荆州部分地区之后，刘备依据诸葛亮"隆中对"的战略设想，把发展的重点转移到了刘璋所占据的益州地区。而这个时候正处在内忧外患的刘璋听取了益州别驾张松的建议，派遣法正作为使者邀请刘备进入蜀境内，以便帮助刘璋一同抵御汉中割据势力张鲁的进犯。

张松、法正等人本来就对刘璋在益州的统治非常不满，利用这一次出使荆州的机会，法正向刘备表达了衷心，并且提出了如何消灭刘璋、占领益州的建议。刘备也正在愁着如何向益州下手，就这样，双方一拍即合。

公元211年年底，刘备带着谋士庞统，将领黄忠、魏延等人进入蜀境，而张飞则与关羽、诸葛亮等人被刘备留在了荆州进行镇守。

随着益州战事的不断深入，刘备在公元214年，命令张飞和诸葛亮、赵云等人率领大军进入益州进行增援。到了这个时候，张飞从已经前后待了十三年的荆州出发，迅速赶往益州的战场。没有用多长的时间，张飞的威名就在益州地区传播开来了。

公元214年，诸葛亮在收到刘备的来信之后，率领大军进入了益州地区，这支大军的先锋就是由张飞担任的。在之后相继发生的一系列战斗中，张飞首先拿下了巴东，然后率领大军直指江州。在江州，张飞遭遇到益州著名将领——严颜的顽强抵抗。经过激烈战斗之后，张飞终于将严颜生擒。

当严颜被捆绑着押到张飞面前的时候，张飞大声呵斥严颜："大军到达这里，你为什么拒不投降反而进行抵抗呢？"听到张飞的责问，身为阶下囚的严颜毫不畏惧，义正言辞地回答："你们这些人进犯我们的疆域，占领我们的土地，益州所有的将士为了保卫家园而战斗，怎么可能有投降的道理？我州只有断头的将军，没有投降的将军！"张飞对于严颜过人的胆略与坚贞的气节十分敬佩，亲自命令下属将他释放，还将其引为座上客。这可以说是英雄会英雄，惺惺相惜。张飞这个举动终于使得严颜深深地感动，严颜这位益州著名将领也终于成为了张飞营帐下的宾客，并且协助张飞劝降了很多益州将领，这也促使张飞的进军速度加快不少。

不久之后，张飞和诸葛亮在江州进行会师。在诸葛亮的协调指挥之下，进入蜀境的大军分成了三路。一路由赵云负责指挥，向江阳、犍为地区发起进攻，威胁刘璋的老巢，也就是成都的东南地区；另外一路则由诸葛亮率领大军，向德阳地区发起进攻，为直接攻打成都打开通道；第三路由张飞率领，经过垫江向巴西方向进军，剑指成都的东北部地区。

在进军的过程中，张飞所部遭到了刘璋派出的张裔的抵抗，张飞没用多长时间就将其击溃，并且与诸葛亮一同开始经郪县向成都进行战略包围。在刘氏（刘备）集团的打击之下，益州牧刘璋在万般不得已的情况下开门投降，益州争夺战最后以刘备的大获全胜而结束。益州全境平定后，刘备论功行赏，赏赐给张飞等人五百金、千斤银、五千万钱、千匹锦，并且授予张飞巴西太守的职务。

耗时三年的益州争夺战，是诸葛亮"跨有荆益"战略构想的非常重要的组成部分，它不但为刘备集团争夺到了益州这块异常重要的根据地，为以后刘备集团的发展与建立创造了非常有利的条件，而且也为下一步从荆益两线出兵统一全国的目标奠定了坚实的基础。作为刘氏（刘备）集团中的一员著名的将领，张飞在这场战役中表现非常出色，不仅有勇，而且也有谋，为刘氏（刘备）集团在益州争夺战中，取得最终的胜利作出了非常重大的贡献。

但是，张飞一生当中最为出色的战斗，并非是在益州争夺战中的表现。数年之后，张飞将他有勇有谋的名将风采再一次展现在世人的面前。这就是和曹操集团之间爆发的汉中争夺战。

就在刘备夺取益州的时候，曹操的势力也开始向汉中地区进一步发展。

公元 215 年，曹操终于将汉中割据势力张鲁收降了，并且占领了汉中地区。为了阻止曹氏（曹操）集团对于益州的图谋，刘备在同年派遣张飞与黄权前往三巴地区与之对战。

黄权所部与曹操所任命的三巴地区少数民族首领朴胡进行交锋，而张飞则在宕渠与曹操集团的著名将领张郃对峙。这一仗可以说是张飞军旅生涯过程中最艰苦的一仗。双方相互僵持了五十多天，经过数次激战，依旧没有能够分出胜负。

最后，张飞想出一个妙计，率领一万多精良的兵将，充分地利用宕渠地区山道狭窄的特点，忽然从小路由八蒙山向张郃守军发动袭击。

张飞的妙计打得张郃一时措手不及，惊慌之下不得不舍弃战马上山，带着十多个随从落荒而逃。战后，张飞意气风发，在八蒙山立碑纪念这一战的胜利，并且在石碑之上，亲自书写下了"汉将张飞大破贼首张郃于八蒙"一行字。

一代将星陨落

当然，张飞是人不是神，在他的战绩当中也会出现失手的情况，这件事情发生在公元 218 年的春天。那个时候张飞奉命与马超、吴兰一同率领部将进入武都地区，屯兵下辨，负责侧面牵制曹军以便配合刘备大军主力在定军山的行动。曹操命令手下大将曹洪、曹休向下辨的张飞等人发起进攻。这个时候张飞所部还没有完成兵力集结，兵力十分薄弱。

张飞突然想到了一个计谋，命令所属的将士大张旗鼓地在曹军的后方出现，摆出了一副将敌军退路截断的架势，想要引诱曹军因此产生顾忌，然后停止进攻。但是，曹魏著名将领曹休识破了张飞的这个计策。曹休非常果断地率领部将向下辨发动猛烈的进攻，并且将吴兰斩杀。这一仗，可以说是张飞军旅生涯中记载最详细的一次败仗。

在异常残酷的战争过程中，张飞表现出来的并不只是疯狂地进行杀戮，而且还有着非常富有人情味的一面。

根据《魏略》记载，在汉中争夺战当中，曹魏大将夏侯渊在定军山死于非命，那个时候，张飞的妻子就曾经向刘备请求将他安葬。前文已经说过，张飞的妻子本来就是夏侯渊的堂侄女，请求安葬夏侯渊也是无可非议。但是，问题就恰恰就在于，张飞的妻子当时并没有跟随大军来到汉中，张飞却是定军山一役的亲身经历者。所以，从这里可以断定，必定是张飞把夏侯渊被斩杀的消息告诉了自己的妻子，再通过妻子向刘备求情，才使得夏侯渊的尸体得以安葬的。从这一个十分微小的细节也能够清楚地看出张飞的另外一面。

总而言之，张飞在刘氏（刘备）集团夺取益州、汉中地区的战役中，有着十分巨大的功劳，所以，在刘备在公元219年，自立为汉中王后，提升张飞担任右将军、假节钺，他的职位仅仅次于关羽。刘备称帝后，张飞又被提升为车骑将军、代理司隶校尉以及进封西乡侯，成为了刘氏（刘备）集团的最高的军事将领。

公元219年，关羽在遭到曹操和孙权的联合打击之下，最后被东吴所擒。孙权想要劝降关羽，让其为自己效命，但是却没有成功，最后将关羽杀害。从此之后，刘氏（刘备）集团失去了荆州这个异常重要的战略基地，同时也失去了关羽这个非常难得的将帅之才。

为了将荆州夺回来、实现"隆中对"的战略构想，刘备在公元221年开始积极组织力量向孙权所夺取的荆州地区发起了规模巨大的进攻，这正是后人俗称的"夷陵之战"。

在战争发生之前，张飞被刘备任命为前敌统帅，并且奉命率领手下万余将士从驻守的阆中地区到江州去，等待刘备的主力部队从成都到达后，向东吴发起进攻。然而，就在张飞出发的前夕，一件出乎所有人意料之外的事情发生了。张飞被他手下将领——张达与范强给杀害了，这两个人提着张飞的头颅往江东投奔孙权。就这样，一代将星从此陨落了。

在这里，我们附带着说一句题外话，从前面张飞生平的介绍来看，就可以发现，这位被公认的一介武夫似乎也并不如小说中说的那样鲁莽，他非常有书生气，可以算得上个文人，在书画方面也是十分有才华的，应当是一个个文武兼备的人物。那么在后来的文艺作品当中，张飞的形象怎么就变成莽汉呢？

这个问题很有可能与民间艺人有着很大的关系。陈寿在《三国志·张飞传》中记载，张飞在长坂桥前怒吼一声："我乃张益德也，可来共决死！"吓得曹操的士兵"敌皆无敢近者"，这样的举动可能会让民间艺人们感觉，张飞在长坂桥的那种舍我其谁的英雄气概几近疯狂，不是有智慧的人能够做到的，而只有莽汉才会这么做。再加上《三国志·张飞传》中说张飞"暴而无恩"，说明张飞的言论与行为都是十分粗暴的，这也让民间艺人们认定张飞更像一位莽汉，于是他们在民间传说创作中就故意进行塑造与渲染，这才将张飞的形象慢慢地过渡到小说中的样子。

在很早的时候，这种民间的再创造就已经深入人心了，唐朝李商隐在《娇儿诗》中写道"或谑张飞胡，或笑邓艾吃"就足以证明在唐代张飞的形象已然发生了变化，而且得到了十分广泛的认同。

不过，到了宋元时代，张飞已经不单单是"张飞胡"这么简单了，在《三国志平话》中的张飞简直成了"乱来"的代名词了，而且乱来得非常不合情理。在《三国志平话》中出现的"张飞怒鞭督邮"的故事里，张飞先是杀了太守元峤夫妇，然后又把督邮崔廉"于厅前系马桩上将使命绑缚。张飞鞭督邮边胸，打了一百大棒，身死，分尸六段，将头吊在北门，将脚吊在四隅角上"。最后又拉上刘备与关羽，"都往太山落草"。后来张飞还将袁术的太子——袁襄给摔死了。这就不仅十分荒谬无稽，损伤张飞的形象，而且就连刘备与关羽的形象也会产生很大的负面影响。

幸运的是，后来罗贯中的出现才使张飞的形象得到了比较完美的处理，尽管在《三国演义》中，张飞仍然是一个莽汉，但是却粗中有细，性格鲜明而且又合乎情理。虽然罗贯中舍弃了张飞擅长书画的艺术才华，但却对于这个人物的形象没有损伤，也与史书上说的张飞有"国士之风"的评价相符。从这个角度来看，我们不得不承认罗贯中的功力非比寻常。

张飞的老婆

在《三国演义》中，介绍刘、关、张三家的内容并不多。关于张飞这位杰出人物的妻子，也没有太多的描述。反而是在《三国志·夏侯渊传》中，有一些简单的介绍：建安五年，霸从妹只有十三四岁，在本郡出行樵采，张飞知其是一位良家女，遂以为妻。就这寥寥几句，才让世人对张飞的妻子有了一些了解。夏侯霸，是曹魏的一位名将夏侯渊的儿子，他的堂妹一直居住在本乡，在堂妹十三四岁时，国家正处于兵荒马乱期间。有一天，她出去打柴，被张飞的一位军士捉住。张飞对她进行了讯问，得知她是良家妇女，后来就娶了她。

张飞迎娶了这位夏侯氏后，两人相处和谐，夫妻感情很好。之后，他们生了两个儿子两个女儿。在《三国演义》中，说到张飞的大儿子张苞，是诸葛亮非常喜爱的一位将领，将门虎子，他的武艺超强。在关羽、张飞相继去世后，他追随刘备，发誓一定要复仇。但据有些史书介绍，张苞在很小的时候就死了，恐怕是比张飞去世早，不可能为张飞报仇。但是他的次子张绍，寿命很长。蜀国衰弱后，刘禅被迫向魏投降，当时蜀国派去负责投降这件事情的就是张绍，那时他大约有六十多岁了。

张飞的两个女儿，后来都先后成为了刘禅的妻子。刘禅先娶了张飞的长女为妻，在他成为了蜀主后，就把她封为了皇后。十五年之后，这位皇后病故，刘禅又将其妹妹，也就是张飞的二女儿娶为妻并封为皇后。在这层关系下，张飞就是刘阿斗的丈人。

另外，曹操的父亲曹嵩，本来是姓夏侯。因为成了太监曹腾的养子，所以姓曹。这样看来，曹操与夏侯氏应该是同族，很可能他们之间还有亲戚关系。那么张飞娶了夏侯氏，也许和曹操还能攀上亲戚呢！

不争气的儿子

张飞的两个儿子，在罗贯中的三国演义中描写比较多的是长子张苞，而张绍却很少提到。

三国演义旦，描述的张苞是一个少年英雄。白袍银铠，武艺高强，箭无虚发。刘备对吴出兵时，张苞和关兴是先锋，立了大功。后来诸葛亮进行北伐时，张苞关兴都是他的得力将领。在三出祁山之役，张苞追赶郭淮、孙礼时，人和马都跌入涧内，头部受到重伤而死。诸葛亮对张苞的死非常伤心，放声大哭，口中吐出血，以致昏倒在地。从此因病卧床不起。无奈之下，只能放弃北伐，回成都疗养。罗贯中还让后人写诗曰："悍勇张苞欲建功，可怜天不助英雄！武侯泪向西风洒，为念无人佐鞠躬。"

张飞的次子张绍，先后担任了侍中、尚书仆射，是蜀汉的一位重臣。当然，这与姐妹的身份有着紧密的关系，姐妹做为皇后，他这位国舅，官自然是小不了的。汉代朝政大权被外戚和宦官掌握着，这可是造祸不浅。对刘禅的记录中有宦官作恶，但没有外戚的干政，可见张绍还是比较老实。只是他的父亲张飞和哥哥张苞都是蜀汉的名将，而他却没有一丝武将的影子。诸葛亮六出祁山，可能是张绍还小，所以阵中没有他，但以后姜维九伐中原，阵中依然没有张绍。

到后来，邓艾偷偷来到阴平，打到刘禅的家门口时。诸葛亮的儿子诸葛瞻，亲自率领众将出兵进行抵抗。可是张绍还是没有出马。

诸葛瞻在绵竹失败，自刎殉国。同时死去的还有赵云的儿子赵广，黄权的儿子黄崇，李恢的侄儿李球，诸葛瞻的儿子诸葛尚，张苞的儿子张遵等人。

在蜀汉亡国历史上，张绍扮演的是一个十分不光彩的角色。刘禅派张绍、谯周以及邓良为蜀汉的代表团，到雒县魏营中向邓艾投降。

《三国演义》写道："张绍等至，艾令人迎入。三人拜伏于阶下，呈上降款玉玺。艾拆降书视之，大喜，受下玉玺，重待张绍等。艾作回书，付三人反回成都，以安人心。三人拜辞邓艾，径还成都，入见后主，呈上回书，细言邓艾相待之善……"

当时张绍是什么样的心情呢？他是否想起过父亲张飞、哥哥张苞和侄儿张遵呢？

后来，张绍随从刘禅去了洛阳，曹魏封他们为列侯，他又开始了自己那养尊处优的生活。

人们一直流传的"爹是英雄儿好汉"这句话被打破了。张飞可谓是一位真英雄，但儿子张绍却扮演了蜀汉投降的代表者。他在打破"爹是英雄儿好汉"这句话的同时，也验证了"富不过三代"这句话。

第四章

雄心勃勃的悲情将士——马超

名将档案

☆姓名：马超

☆别名：马孟起

☆民族：汉族

☆出生地：扶风茂陵（今陕西兴平北）

☆出生日期：公元 176 年

☆逝世日期：公元 222 年

☆主要成就：截击曹操、反攻陇右、迫降刘璋

☆代表作品：《临末上疏》《立汉中王上表汉帝》

☆生平简历：

公元 176 年，马超出生在扶风茂陵（今陕西兴平北）。

公元 196 年，马超与韩遂未来的女婿阎行单挑，差一点儿丢了性命。

公元 202 年，马超于袁尚的军队作战，斩杀了郭援，最终大获全胜，被提升为徐州刺史。

公元 208 年，父亲马腾入朝为官，马超则被任命为偏将军，率领马腾的部属。

公元 211 年，马超背叛曹操，举兵谋反。

公元 213 年，马超在得到张鲁的支援后，以一万多人的兵力围攻冀城，与前来增援的夏侯渊展开了激战，最终大获全胜。

公元 214 年，马超占领冀城。

公元 215 年，马超投奔刘备。

公元 217 年，马超与张飞、吴兰一起屯兵下辨对抗曹军大将曹洪。

公元 222 年，马超带着无限的遗憾离开了人间。

人物简评

在蜀汉集团的著名将领群体中，马超是一个十分特别的人物。从严格意义上来讲，马超的戎名与刘氏（刘备）集团并没有太大的关系，马超一生最辉煌的时刻也未奉献给刘氏（刘备）集团。

马超作为汉末三国时期的一位著名的将领，其所被人熟知的故事大多发生在投靠刘备集团之前。他不仅是凉州军阀马腾的儿子，而且后来还继承了马腾的这支武装，成为汉末凉州地区最强大的割据势力。马超的出现，具有十分特别的意义。马超与其割据势力不仅对汉末西北地区的政治格局有着直接的影响，而且还对三国历史的进程产生过非常重大的影响。不过，虽然马超名声斐然，被多方势力关注与拉拢，但是他的一生却充满了悲壮。早年时候得志，晚年时期悲凉，尽管他雄心勃勃，但是最终却落了一个郁郁而终的下场，不免令人叹息。

生平故事

继承武装力量与地盘

说到马超的家庭背景，也称得上是一个武将世家了，战国时期赵国的名将赵奢是他的祖先。秦朝统一六国后，为了躲避祸端，赵奢的子孙就改姓为马。到了东汉时期，这个家族又出了一位著名将领，即马援。这个人在汉光武帝时期为了平定西北地区的少数民族叛乱曾立下了汗马功劳，现在，我们非常熟悉的一个成语——"马革裹尸"，就出自马援。马援家族在东汉初期与中期的时候，曾经显赫一时。马援家族的其中一支——马超的祖父，曾担任过凉州天水郡兰干尉这样的小官，不过后来不知道为什么丢失了官职，家道也因为这个原因而开始衰落了。因为家中十分贫穷，连娶一个汉族的妻子这么一件非常平常的事情，都没有办法实现，最后被迫找了一个凉州地区的羌族女子作为自己的妻子，勉勉强强地维系家族的香火。所以，虽然马超家族的祖籍是在扶风茂陵，但是自从祖辈就已经开始在汉朝的西北边境地区凉州生活了，并且深深地受到了凉州习俗的影响，几乎已经成为了凉州人士。

马超的父亲，名叫马腾，年轻的时候不得已，依靠砍柴贩卖来维持生计，生活非常窘迫。不过，这样艰苦的生活条件却让马腾锻炼出了两样相当可贵的特质——宽厚与武勇。马腾的宽厚使得他在乡里深受人们的敬重，他的武勇则为以后纵横凉州打下了非常坚实的基础。汉灵帝末年，凉州地区爆发规模很大的少数民族叛乱，朝廷数次派遣兵力进行镇压，但是始终没有办法收到良好的效果，凉州各郡就征召民间武勇的人从军，这个时候，马腾加入了凉州政府军的行列。州郡的官员也十分欣赏马腾，并且点名让其担任军从事，随着在平叛战争中的突出表现，马腾的官职也被提升，担任了军司马之职，手中还掌握着一支规模不是很大的军队。

公元187年，凉州的耿鄙被叛军杀害，叛军首领之一的韩遂开始向汉阳发动进攻，凉州局势随之变得更加混乱不堪。这个时候，作为凉州政府军一员的马腾趁着这个机会发动叛乱，站到了叛军的阵营。通过几年的经营，马腾慢慢地建立了自己的军事集团，并且占据凉州部分地区，成为了汉末凉州的主要割据势力之一。作为马腾的大儿子，马超也慢慢地在跟随父亲的征战当中成长起来，他与其父马腾有一个相同的特征——勇武。

不过，马超在第一次亮相的时候，表现得并不十分出彩，反而差一点儿丢了性命。那个时候正好是公元196年，年龄只有二十一岁的马超奉命和凉州另一个割据势力——韩遂集团发生武装冲突，并且与后来成为韩遂女婿的阎行进行交战。《三国志·张既传》注引《魏略》中说，马超在与阎行进行单挑的过程中，阎行所使用的长矛的矛头忽然折断。于是，阎行就顺势把这个矛头冲着马超的脑袋扔了过去，差一点儿就将马超给杀了。

自马腾与韩遂间发生内讧之后，双方的实力都受到了影响而有所削弱，这就给了那个时候已经将朝政控制在自己手中的曹操一个可乘之机。

为了将西北地区的隐患消灭，然后全力应对中原战事，曹操授予了马腾前将军之职，任命马超为司隶校尉督军从事。从曹操的这个任命也能够看出，这个时候的马超在凉州地区已经小有名气，同时也成为了曹操关注的对象。

之后，马超又参加了对袁绍残余势力——郭援、高干的战斗，时间是在公元 202 年。马超、庞德率领兵马万人对袁尚的军队展开进攻，并且很快就取得了胜利。马超将郭援斩杀，但是自己也在作战的过程中受伤。因为马腾的支持，曹操得以加快了消灭袁氏残余力量的进程。

战斗结束之后，马腾被晋升为征南将军，马超也被提升为徐州刺史。

建安十三年（公元 208 年），曹操对荆州发起攻击。在临行之前，曹操派遣张既成功地说服马腾入朝为官，马超则被任命为偏将军，率领马腾的部属。

从此之后，马超就继承了马腾留下的一支武装力量与地盘，成为了这支凉州割据势力的统帅，这个时候的马超也不过只有 33 岁。

在马超割据凉州的这段时间中，这支割据势力有了非常大的发展，并且引起了其他割据势力的注意。根据《三国志·周瑜传》的记载，周瑜曾经在公元 210 年，向孙权提出"乞与奋威俱进取蜀，得蜀地并张鲁，因留奋威固守其地，好与马超结援"的建议，由此可见，那个时候的马超已经成为足以影响汉末时局的一支不容忽视的力量。

马超集团的迅速发展

对于父亲留下来的这支割据势力的发展与壮大，马超的贡献是全方位的。与父亲马腾相比较，马超首先便与凉州另外一股割据势力——韩遂集团常年争斗不断、相互削弱的不利局面得以改变。

马超和韩遂化敌为友，结成了军事同盟，并且在关中之战时推举韩遂担任对抗曹操的凉州割据势力的总指挥。与此同时，马超还利用自己在凉州各割据势力中的声望，与每一个割据势力保持了较好的关系，并且能够在与曹操的军事对抗的过程中组成联军。

《三国志·张既传》注引《魏略》中记载："马超、韩遂、侯选、程银、杨秋、李堪、张横、梁兴、成宜、马玩等十部皆反，其众十万。"倘若没有足够的威望与实力，要将这些数量众多、相互之间不断征战的各个割据势力集合起来绝对是一件不可能的事情。除此之外，马超仅仅用了两三年的时间，就利用各种方式与手段在凉州各少数民族之中建立了很高的威信，进一步巩固并且加强了自己在凉州各地官吏、民众中的影响力。这些措施都为之后马超与曹操之间爆发的关中之战打下了坚实的基础。

除了在凉州地区巩固并发展自己的势力外，马超还对马腾与益州刘焉割据势力早年建立起的良好关系加以利用，寻找外援的支持，以便更好地巩固自己在凉州的割据地位。另外，马超还与盘踞汉中的张鲁集团也建立了十分密切的合作关系。

总而言之，通过之前马腾的数十年时间经营，加上马超的两三年努力，马超军事集团已经远远超过了韩遂集团，成为凉州割据势力中实力最强大的军事力量。而他的声望与影响力，都是韩遂、马腾都没有办法相提并论的。诸葛亮在给关羽的私人信件中曾提到的"孟起兼资文武，雄烈过人，一世之杰"，绝不是妄言。由此可见马超所作所为的一些真正意图是割据凉州地区，趁着天下大乱的时候，为自己谋取最大的利益。从这个意义上来讲，马超不仅是汉末一位著名的将领，而且也是汉末实力最强的割据诸侯之一。

曹操在赤壁之战的失利后，被迫放弃迅速消灭孙刘联盟的战略构想，转向西北地区发展。

为了尽早将汉中地区占领，从而与刘备争夺益州，建安十六年（公元211年），曹操派遣钟繇从凉州割据势力所占据的关中以及凉州地区南下征讨张鲁。这个举措在当时就遭到了曹操集团很多谋士的反对。众人普遍认为这一定会造成凉州各割据势力的强烈反弹。而事态的最终发展也证明了曹操这个举动的失算。自钟繇出兵关中地区后，凉州地区各大割据势力通过联合合作，举兵十万在潼关一线对曹操的大军进行阻截。而这其中实力最强大的就是马超集团，这完全在曹操的意料之外。

对于凉州各个割据势力如此激烈的反应，曹操可以说早就有了准备。然而，对于马超的背叛，曹操却是没有想到的。

在曹操的心中也打着一个小九九：马超的父亲——马腾在张既的劝导下入朝为官后，将家族二百多口一起带到了许昌作为人质。曹操认为即使凉州地区爆发叛乱，其中力量最强的马超也不会放弃宗族二百多口人不管，带头起兵。

马超的意外叛乱，不仅将曹操的预定部署打乱了，使之不得不利用数月时间调集曹魏集团几乎所有的能够征惯战之将前往潼关迎战，与此同时，也使他想要尽快进入汉中地区与刘备争夺益州的计划流产。

对于马超来说，这次举兵谋反不仅打破了关中及凉州地区十多年的平静局面，逼迫自己与那个似乎实力最强大的曹操集团成了敌人，而且还背上了"背父叛君"的骂名。因为就在他举兵谋反时，其父马腾与家族二百多口都还在曹操的手中。

马超这个举动很显然是放弃了亲人的性命。与文艺作品中的描述不同的是，在马超谋反前，曹操并未将马腾一家全部诛杀，在马超集团发动叛乱后的一年左右的时间内，曹操也未拿马腾一家二百多口来祭旗，而是在马超反意已决、大势已去的时候，马腾全家的利用价值已经不存在的时候，曹操才下令将马腾全家诛杀。到这个时候，潼关之战正式爆发了。

潼关之战

在赤壁之战后，潼关之战是在华夏大地爆发的又一次规模巨大的战略决战。

曹操亲自率领的曹魏集团精锐与由韩遂、马超、侯选、程银、杨秋、李堪、张横、梁兴、成宜、马玩等十部组成的十万叛军就是这次对阵的双方。鉴于叛军十分精悍的特点，曹操命令大将夏侯渊、曹仁等人拥兵不战，等着大军主力到达。

公元211年7月，曹操命令徐晃、朱灵等人率领数千名精兵向距离潼关七十多里的黄河渡口蒲坂津发动突然袭击。这个时候，马超犯了一个致命的错误，没有派兵在蒲坂津这个战略要地镇守。

等到得到曹军偷渡的消息之后，马超才急急忙忙地命令梁兴等人率领兵将在晚上进行袭击，但是没用多长时间就被早已经有了充分准备的徐晃所部给击退了。曹操手下的大将徐晃在作战之前，曾经一针见血地指出：马超把重兵集结在潼关地区，但却没有在蒲坂津驻扎，由此可见，他是一个有勇无谋之人。

同年八月，曹操主力北渡黄河，曹操亲自在黄河南岸断后，马超看到之后马上亲自率领步骑万人进行追击。那个时候，曹操身边只有许褚等一百多名卫士，情况相当危急。面对这样的危险局面，许褚在不得已的情况下，亲自护卫曹操上船。马超命人乱箭齐发，曹操小船上的船工被流箭射中死了。许褚不得不一手举起马鞍挡箭，一手撑船。直到当天夜里，曹操才侥幸地脱离了危险。惊魂未定的曹操发出了"马儿不死，吾无葬地"的感叹。

曹操大军在西渡黄河之后，没过多久就展开了大范围的迂回战术，转移到潼关侧后地区。马超得到消息之后也连忙率领兵将赶往渭口，想要阻止曹军向西前进。曹操利用疑兵之计分散了马超的注意力，暗地里却命令手下在渭水之上架设浮桥，抢占了渭水南岸。马超进行偷袭，但是结果却被曹操的伏兵给击败，到这个时候，集结在潼关的凉州叛军不但丢失了潼关天险的优势，而且后路也受到阻碍，形势开始变得非常不利。马超不得不派人前去曹营，准备割让河西，并且送去人质给曹操作为条件求和。马超的意图十分明显，利用与曹操讲和来使自己的实力得以保存，保住自己在凉州的割据地位。

但是，马超的如意算盘马上就被曹操识破了。曹操接受了谋士贾诩提出的离间之计，利用与叛军进行谈判的机会，将叛军分化瓦解。曹操将离间之计的首要目标，对准了叛军头目之一的韩遂。曹操在与韩遂谈判的过程中，故意只叙旧情不说具体的事务。曹操的离间之计果然取得了很明显的效果，马超开始怀疑韩遂，叛军内部也慢慢地出现了裂痕。之后，曹操又写了一封信给韩遂，故意将信件中的不少文字进行了涂改。马超看到信件后，认为是韩遂故意涂改了信件中的关键内容，对韩遂也越发地猜疑起来。

叛军之间的内部猜疑使马超不得不亲自出马与曹操进行谈判。在双方进行会谈的时候，曹操依旧一如既往地闲聊，并且故意对着随行的韩遂女婿阎行提到为人子女必定要尽孝之类的言语，提醒马超与韩遂等人他们都还有亲属在曹营作为人质。眼看着谈判没有取得一点儿的效果，马超动起了在会谈过程中将曹操斩杀的念头。不过，曹操对此早就做了充分的准备，专门安排在与马超会战中声名大噪的大将许褚一同前往。马超知道曹操身后这位威风凛凛的彪形大汉就是许褚时，不由得心中生出了一份胆怯，刺杀的想法也不得不作废了。

叛军内部的相互猜忌，对于整体的战斗力产生了非常严重的影响。曹操抓住这个对自己十分有利时机向马超等人发起总攻，这个时候，叛军已经没有一点儿斗志，一触即溃。叛军首领中的成宜、李堪等人被杀。马超在万般无奈之下只得逃往凉州。就这样，耗时半年多时间的潼关之战，最后以马超的惨败而结束。

对于马超而言，潼关之战的失利是一个非常沉重的打击。论兵力，马超等人组织的叛军人数达到十余万，在兵力数量上远远超过曹操，而且凉州叛军向来有天下精锐之称，战斗力不可小看，同时还占据着有利的地形。然而，在与曹操会战的过程中，却以惨败而告终，这究竟是什么原因呢？

战争结束之后，曹操曾经给自己的部下进行了这样一番分析。曹操表示："在战争刚刚爆发的时候，马超的叛军主力集结在潼关，渭北地区尽管比较空虚，但是倘若出兵河东，就会打草惊蛇，马上引起叛军的注意，叛军一定会派兵驻守黄河各个渡口，这对于以后实施迂回包抄的战术将会造成很大的困难。"所以，曹操先把兵力集中在潼关地区，将叛军的主力全都吸引过来，使其在西河方向的防守变得更加空虚了。到了这个时候，徐晃与朱灵渡过西河就有了一定的保障，等到徐晃与朱灵的军队在西河建立据点后，叛军再想着赶他们回去，就已经为时已晚了，这也就为曹操大军北渡黄河创造了非常有利的条件。曹操大军在全部渡过黄河之后，故意对马超的骂阵不理不睬，以便更好地消磨叛军的锐气。与此同时，曹操接受了贾诩的建议，采用离间之计分化叛军，使得叛军内部变得更加混乱不堪。然后，曹操的大军在这个时候突然发起总攻，以迅雷不及掩耳之势扑向叛军，这个时候的叛军个个人心涣散、斗志下降，自然而然也就不是曹操的对手了。

曹操的分析尽管有故意夸大的成分在内，但是有一点是可以肯定的：作为叛军的统帅之一，马超所具备的只不过是武勇，在谋略方面却远远不是曹操的对手。换句话来说，那就是，马超不过是一个有勇无谋的人。

不过，虽然潼关之战给马超造成了十分沉重的打击，但是并没有将马超势力彻彻底底地消灭，随着同年年底曹操大军主力撤回中原的时候，马超终于得到了一个喘息的机会，并且很快在两个地区卷土重来。

退出凉州历史舞台

公元 211 年，在曹操的管辖地河间地区发生了以苏伯和田银为首的叛乱，曹操担心事情突变，就班师返回邺城，只将大将夏侯渊留在长安镇守。不得不说，正是因为曹操的疏忽，才让马超有机可乘。马超一边向汉中的割据势力——张鲁求助，一边笼络凉州的少数民族向陇右各县发起进攻，在凉州地区一度发起了大规模的叛乱。

公元 213 年正月，马超在获得汉中割据势力的支援以后，率领一万精兵对冀州发起攻击，并且与前来支援的夏侯渊展开了一场激烈的战斗。据《三国志·夏侯渊传》中记载，此次战役以马超的胜利结束。夏侯渊失败之后，率领残余部队退守长安，凉州再一次成为马超纵横驰骋的舞台。

不得不承认，正是夏侯渊的退守才为马超创造了有利时机。通过兼并陇右地区的割据势力，马超率领的部队的军事实力得到了很大的提升，而且处于略阳的氐王谋反，恰好与马超遥相呼应。与此同时，汉中张鲁的支援，无可厚非地增加了马超的有生力量。

公元 214 年，凉州州治冀城似乎完全陷入了马超的重重包围之中。凉州刺史韦康迫不得已派遣阎温走水路向别处请求支援，不幸被马超发现斩杀。冀城军队在没有粮草和救兵的情况下，只能眼睁睁地等死。黔驴技穷的韦康只好打开大门向马超投降，就这样，冀城落到了马超的手里。

只是，马超在占领冀城之后犯下了一个致命的错误：在占领冀城后，马超将投降的凉州刺史韦康及其部下全部砍杀，让凉州百姓无不痛恨。据《三国志·杨阜传》中描述："马超背父叛君，虐杀州将，岂独阜之忧责，一州士大夫皆蒙其耻。"不仅如此，皇甫谧在《列女传》还说："马超攻冀，害凉州刺史韦康，州人凄然，莫不感愤。"韦康枉死，在很大程度上激起了凉州各地方官吏与百姓的怒火，进而阻断了地方官员与马超联合的可能性，让他们再也没有退路，只能拼死一搏。同时，马超在吞并凉州其他割据势力壮大自己的时候，同样激起了凉州其他割据势力的不满，从而丧失了凉州割据势力的支持，使得凉州割据势力之间的关系变得更加复杂。

据《三国志·杨阜传》记载，马超在占领冀州之后，凉州参军事杨阜在混乱中逃了出去，前去投奔表兄姜叙。在杨阜的劝说下，没过久，姜叙就与姚琼、赵昂、孔信、姜隐、尹奉、王灵、梁宽、李俊、庞恭、赵衢等很多的凉州本土势力联合，结成联盟，一同对马超发起攻击。同年九月，姜叙、杨阜在卤城起兵对冀城发动进攻。马超率领部将出城迎战。早已经在城内做好接应工作的梁宽、赵衢等人借此机会将城门关闭，并将马超的妻子、儿女全部都斩杀了。进退两难的马超不得不攻打历城，与姜叙、杨阜等人展开了一场激烈的厮杀。结果，马超被打得落花流水，丢盔卸甲，在不得已的情况下，只好南下前去投奔汉中的张鲁。自此，曾经在凉州地区纵横数十年之久的马超割据势力从凉州的历史舞台退了出来。

虽然马超在凉州地区的惨败有着其深层的缘由，但是其关键还是马超的行事作风和性格特点所致。放弃家族二百多口的生命于不顾而举兵谋反，使得马超背上了"背父叛君"的骂名，导致凉州士人及不少地方官吏的强烈反感，而且，马超在占领冀城之后无端将在凉州地区有着巨大影响力的凉州刺史韦康杀害，这也使得马超彻彻底底地失去了凉州士人以及不少地方官吏的支持，这就为马超的失败埋下了伏笔。除此之外，马超在作战过程中接连地暴露出与潼关之战一样的致命弱点：有勇无谋，这也是马超失败的另一个非常重要的因素。

但是，马超及其割据势力对汉末三国的历史进程还是产生了非常重大的影响。正是因为马超等人在潼关地区的集体叛乱，将曹操企图尽快占据汉中从而与刘备争夺益州的战略构想打乱了，这也间接地为刘备攻取益州地区争取了非常宝贵的时间。从这个意义上来讲，倘若不是马超在潼关以及凉州地区几年的折腾，曹操或许很早就占领汉中，并且对益州形成巨大的威胁，如此一来，益州到底是否能够成为刘备的囊中之物就要两说了，也许最终的结果会有很大的不同。

悲凉的晚年时期

马超前去投奔张鲁，很明显，是给张鲁扔去了一个十分烫手的山芋。刚开始的时候，张鲁对于马超的到来，还是显得相当高兴，甚至准备把自己的女儿嫁给马超。但是，这个时候，张鲁的手下谋士立即提醒张鲁：马超这个人就连自己的亲人都不爱，难道还会爱其他的人？这话马上引起了张鲁的警觉。在张鲁的心中，马超本就是为了一个达到自己目的可以不惜使用任何手段的人，即使把自己的女儿嫁给马超，马超也是不可能死心塌地为自己效命的。所以，这门亲事自然而然也就告吹了。

对于张鲁来说，马超的威名对于自己将来攻打曹操还是有一定帮助的。而马超也不是傻子，自然看出了张鲁心中所打的如意算盘，所以，他曾经多次向张鲁提出借兵的请求，想要利用张鲁的军事实力帮助自己将凉州夺回来。不过，马超的好几次行动都是以失败而告终，不仅这样，马超还与张鲁的部将——杨白产生了很大的矛盾，马超在汉中的日子也随之变得越来越不好过了。最后马超只得铤而走险，将自己的爱将庞德、爱妾董氏以及儿子马秋抛下，从武都逃入了氐中，准备与该地区的少数民族势力进行合作，重新杀回凉州。但是，这个时候的马超的力量已经今非昔比。在走投无路的情况下，马超主动给正在围攻成都的刘备写了一封信，请求前去投靠。

刘备得知马超愿意主动归顺自己的消息之后，心中非常高兴。对自己的手下说道："这下子，益州一定会落到我的手中了！"刘备立刻派出使者去见马超，并且秘密交给了马超一支军队，要求马超用凉州兵马的名义向成都发起进攻。马超在答应了刘备的条件后，就迅速赶到了成都城北，并且开始了对成都的围困。听说剽悍的凉州兵马参与了围城之战，本来就已经是惊慌失措的益州牧——刘璋更是惶惶不可终日。马超参加战斗之后不到十天，刘璋就主动打开城门，向刘备投降了。

对于马超的归顺，刘备还是相当重视的，从表面上看来，刘备对马超还算不错的。为什么这样说呢？在马超归顺之后，刘备先让他担任平西将军，之后又任马超为左将军、迁骠骑将军，领凉州牧，进封斄乡侯。而且，刘备帮助马超解决了个人问题。刚才已经说过，马超的妻儿在凉州一战中被杀死，在刀尖上存活下来的唯一的儿子马秋又死在了张鲁的手中。可是，在马超来到益州之后，刘备还为马超挑选了一门亲事，二人结婚后不久，新婚妻子也为马超生下了一个女儿，小女孩长大之后嫁给了刘备的儿子，就是安平王刘理。

可是，看似风光无限的背后，马超的境遇却在悄然发生着变化，身为曾经威震四方的西北名将，自从投到刘备的麾下后，上阵杀敌的机会变得越来越少。

公元217年，马超、张飞、吴兰三个人还一起屯兵对抗曹军的大将曹洪。可是，不幸的吴兰在与曹洪的对抗中被斩杀后，马超竟然从此在战场上消失了。不仅如此，马超还卷入了发生在蜀汉内部的彭羕谋反的事件中，虽然马超并没有因为这件事受到连累，可是，其中也很好地反映出了马超在刘氏集团的艰难处境。

据《三国志·彭羕传》中的记载，刘备在占据益州之后，任命益州一位很有势力的人物——彭羕管理治中之事，而且对其礼遇有加。

可是，彭羕任职之后变得狂妄自大，引起刘备和诸葛亮等人的不满。诸葛亮甚至在刘备面前说："彭羕是一个很有野心的人，想要他安分下来并不是一件简单的事，所以一定要对此人有所戒备。"经过长时间的观察后，刘备认同了诸葛亮的观点，就将彭羕贬为江阳太守。

对此，彭羕十分不满，在赴任之前，来到马超这里诉说自己的委屈。

可是，马超的表态十分奇怪，他十分同情彭羕的遭遇，甚至对彭羕说："先生，你是一个颇有才干的人，主公对你还算不错，在我看来，以你的才能完全可与诸葛亮等人平起平坐，可主公为什么只让你做一个小小的郡守呢，这也实在令人费解？"马超的意思已经相当明显：为彭羕不平。

听完马超的话，彭羕立刻将马超视为知己。彭羕向马超示意："将军你在外经营，我在内部运筹帷幄，还有什么事情是不能办的呢？"这句话的意思是，事实上，只要你我里应外合，一定可以找到机会将刘备推翻。

从汉末益州豪族的政治立场来看，他们大多数人对于外来的统治者还是怀着很大的戒心的，时时刻刻都想着取而代之。刘焉治蜀期间，益州豪强贾龙等人就曾经与刘焉发生过战争；等到刘璋治蜀期间，益州豪强赵韪又发动了规模巨大的叛乱，后来张松又暗中勾结刘备取得了益州的控制权。所以，彭羕的举动很容易让人理解。但是，彭羕找到这个时候已经身居高位的马超来商量这件事情，就显得相当蹊跷了。而马超在听完彭羕的话之后的反应，就更加让人生疑。马超先是大吃一惊，就再也不敢接彭羕的话，然后等到彭羕离开之后，马上向刘备举报彭羕。结果，彭羕身首异处，死于非命。

俗话说得好，物以类聚，人以群分。彭羕之所以会去找马超，并且暗示在有利的时机发动叛乱，主要原因就是看出了马超在刘备集团郁郁不得志的艰难处境。从马超和彭羕两个人的对话内容来看，此二人之间的交往并不是只有这一次，而应该是经常性的。《三国志·彭羕传》中曾直截了当地指出，马超在益州的时候寄人篱下，整天提心吊胆。倘若马超在刘氏（刘备）集团混得春风得意的话，那么，彭羕肯定也就不敢去找马超秘密商量这件事情了。而马超立即将这件事举报的目的，除了是向刘备表达自己的忠心之外，更多的则是尽量为自己开脱。

这种局面是怎么造成的呢？问题的根子还是出在马超自己身上。"背父叛君"已经让马超的名声糟糕到了极点，再加上到了益州之后，马超又不停地向刘备要求打回凉州去，导致刘备等人对他产生了猜忌。实际上，在马超的心中，投靠刘备只不过是在迫不得已的情况下的无奈之举，而杀回凉州去才是他的终极目标。也正因为这样，刘备也在怀疑马超投靠自己的真正意图究竟是什么，他十分担心自己成为第二个张鲁而被马超算计。这样一来就注定了马超在蜀汉的日子不会太好过，晚景凄凉也就成为了马超必然的一个结局了。在这种情况下，马超在四十七岁那一年就郁郁而终了。

晚年悲凉的分析

马超在临死之前，给刘备写过一个奏章。这个奏章的大致的意思是这样：我家族的二百多口基本上都被曹操杀光了，只剩下了堂弟马岱还活着，他也就成为了我这个非常可怜的家族的唯一继承人了。现在，我非常郑重地将他托付给陛下，至于别的我就没什么可说的了。

马超的一生都充满了悲情。家族二百多口被曹操全部斩杀，仅存的家族成员又大多数死在了梁宽、赵衢的手中。好不容易逃到了汉中，最后也没有能够保住自己剩下的唯一儿子——马秋。这些可以说是马超一生中最大的悲剧。但是，这些悲剧又都是因为马超一手造成的。倘若不是由于马超的政治野心，父亲马腾与家族的两百多口也就不会死在曹操的屠刀之下；马超也就不会与张鲁反目成仇；刘备也不会时时刻刻提防着他。也许马超在投奔刘备的初期，还在想着怎样去利用刘备的力量帮助自己将凉州夺回来，但是，随着时间的不断推移，马超发现自己的这个愿望只能是空中楼阁，永远都没有办法变成现实，从此之后，马超就丧失了斗志，变得疑神疑鬼、碌碌无为。马超，这位曾在凉州地区翻手云覆手雨的著名将领，眼看着复仇没有希望，不得不带着无尽的遗憾永远离去了。

尹韵公先生曾经对马超的境遇有一个十分客观的评价："英雄无用武之地。"这是人们经常叹息人才没有用好的一句名言，实际上，英雄没用好，不仅有客观环境的原因，而且也有主观因素的使然。有的时候是前者大于后者，而有的时候则是后者大于前者。马超有"信、布之勇"，雄烈过人，但是，他的人品非常差，口碑也非常糟糕，谁也不敢再相信他，谁也不敢用他，即便他有天大的本事，也不能施展出来。因此，马超怪不得别人，要怪也只能怪他自己，是他自己害了自己。一位原本能够建立更大功勋的叱咤风云的人物，只是因为内在素质的不健康与不健全，最后落了一个孤家寡人、英年早逝的下场，怎么能够不让人伤感呢？

许褚战马超

西凉军的统帅马超要与曹操单独会面，而且要求曹操不许带兵前来，曹操同意了马超的请求，只带了许褚来赴会。

看到曹操真的一个人来了，马超就要攻击曹操，只是，听说曹操身边的许褚很厉害，自己不能冒失，马超就说："虎侯许褚在哪里？"

曹操一指许褚，许褚立即瞪起眼看向马超。

果然是许褚，真和传闻中的一样，与他动手，自己根本没有什么把握，看来今天是不能动手了，想到这儿，马超有些无奈地让曹操离去了。

几天后，双方又进行了一场大战，曹操又一次大战马超，许褚在战斗中立下了大功。从这以后，士兵们觉得许褚像老虎一样健壮，而且打起仗来不要命，像疯子一样，于是就都叫他虎痴；又因为马超问虎侯许褚在哪里，所以天底下的人都叫许褚虎侯。

马超和张鲁女儿的"未了情"

勉县是三国故地，境内有很多的遗迹，这里埋葬着汉末三国时期的几位著名人物：诸葛亮、马超、张鲁女儿张琪瑛，据说因为口令"鸡肋"被曹操杀掉的杨修也是埋葬在勉县温泉曹营村。同时，这里还埋藏了一段鲜为人知的没有结果的姻缘。

史书记载，建安十八年（公元213年），称雄凉州的马超在冀城（今甘肃甘谷东）战败，全家老少都被杀了，走投无路的马超只能向南逃跑，然后投靠了张鲁。张鲁对这位"兼资文武，雄烈过人"的马超非常喜欢，于是任命马超为都讲祭酒，在汉中五斗米道中，这可是仅次于张鲁的一个职位。张鲁还把自己唯一的女儿张琪瑛许配给马超。

当时张琪瑛只有十八岁，但是早已听说了英勇过人的马超，张鲁的许配让马超认为这就是天赐良缘，马超对张琪瑛也是非常的喜欢，二人对对方都很满意，只等完婚。但张鲁的一位部将对才貌双全的马超很是嫉妒，并对张鲁说："马超的妻儿遭受那样的惨祸，都是因为马超对他们不爱不顾导致的，这样一位不能爱亲人的人，怎么可能会爱您的女儿呢?"张鲁听后，担心自己的女儿跟随马超征战受苦，于是这门亲事也就被拒绝了。

这门亲事被中止后，马超很不高兴，加上慢慢地发现张鲁这个人很难成大事，一气之下就转向了刘备。但是张琪瑛对马超依然念念不忘，整天都闷闷不乐，日思夜想，希望自己能与马超再续前缘。

建安二十年（公元215年），曹操出兵汉中攻打张鲁，双方在阳平关展开大战，最后张鲁向曹操投降。张鲁为了增进与曹操的关系，把女儿张琪瑛许配给了曹操的庶子燕王曹宇（与称大象的曹冲同父同母）。张琪瑛还是很怀念马超，对曹魏很是痛恨。当曹操带张鲁去北方时，她没有跟随他们，而是独自一人留在沔阳（勉县），在今汉江南岸的灌子山地区传习五斗米教，远近驰名。

建安二十二年（公元218年）张琪瑛去世，当时只有二十二岁，死后就地埋葬，信徒在这里立庙纪念她，该庙被人们称为女郎庙。

马超离开汉中后，跟着刘备四处征战。

公元221年，刘备称帝，马超被封为骠骑将军，领凉州牧，进封嫠乡侯，又回到了汉中，镇守阳平关（今勉县老城），但是张琪瑛已经不在人世了。

公元 222 年，马超在勉县病逝，享年四十七岁，然后葬于汉水北岸的雷公山下。马超墓与张琪瑛墓隔汉江相望，大约只有十余里的距离。

他们两人生前没能结为夫妻，死后却都埋葬在了勉县，两人相依相伴了一千多年，也算是圆了他们生前的愿望，让人很是感叹。

割须弃袍

割须弃袍是来源于《三国演义》的一则成语故事：曹操率兵与马超在潼关交兵，曹军被马超打败后，曹操仓皇逃跑，曹操怕被追击的马超认出来，就将胡须割掉，长袍丢弃。

钟繇退守潼关，急忙报告曹操。曹操得到丢失长安的消息后，心中非常地焦急，于是就叫来曹洪、徐晃，命他们率领一万人马，前去代替钟繇守住潼关。如果在 10 日内失守了潼关，就按照军法将他们两人杀掉；过了 10 日，就与二人没有关系。曹操说他会马上统帅大军前往。二人受命后，连夜急行。曹仁对曹操说："曹洪这人性情比较暴躁，恐怕会耽搁大事。"曹操说："你给我押送粮草，随后接应。"

曹洪、徐晃来到潼关，接替钟繇坚守关隘，但是不出战。马超率兵来到关下，用最难听的话痛骂曹操三代人。曹洪被激怒了，要领兵前去与马超攻打。徐晃阻挡说："这是马超的使用的激将法，他是故意激怒将军下关去厮杀，千万不能出战。等丞相率大军来了，肯定会有办法。"马超军队每天都会换人马前来大骂。曹洪几次要下关打仗。都被徐晃劝阻了。到了第九天，在关上看到，西凉军一开始的那种气魄已经没有了，他们放开战马，疏散地坐在草地上；很多士兵都躺在草地上，似乎在睡懒觉。看到马超军队的这种情景，曹洪决定出击，于是带领三千士兵杀出关来，西凉兵丢弃战马兵戈慌忙逃跑了。曹洪继续追击，非常得意。这时，徐晃还在关上清查粮草，听说曹洪出关厮杀，吓了一大跳，急忙率军阻止，大叫曹洪立马收兵。忽然听到背后震耳欲聋的喊声，马岱领兵杀来了，曹洪、徐晃急忙往回返，听到鼓声响起，山背后有两支军队阻挡了去路，左是马超，右是庞德，混杀了一阵。曹洪实在抵挡不住了，军马损失了一多半，才冲出马超军的重围，回到关上。西凉军立马就追来了，曹洪等弃关逃走。庞德一直追击过了潼关，遇到曹仁兵马，曹洪等人才得救。马超接应庞德上了潼关。

曹洪将潼关失守后，回来拜见曹操。曹操说：“当初限你十日内不能丢失潼关，为什么九日就丢掉了？”曹洪说：“西凉军士，整日辱骂，让人实在是很难忍受。后来看到西凉军在草地上十分懈怠，便乘机出击，没想到中了奸计。”曹操又说：“曹洪年幼，性格比较暴躁，徐晃你应该劝说他啊。”徐晃说：“我多次劝说他，可是他不愿意听。那天我正清查粮草，根本不知道他前去攻击，等我知道时，小将军已经领兵下关了。我担心他遭到马超军队的袭击，于是就急忙追去，已中了贼兵奸计。”曹操大怒，下令将曹洪杀掉。众官替曹洪求情，才使得他免于一死。

曹操率军前往潼关。曹仁说：“可先安下寨栅，再打关也不晚。”曹操下令砍伐树木，做起排栅，分为三寨：左寨为曹仁，右寨为夏侯渊，曹操居中寨。第二天，曹操便率领三寨大小将校，杀向潼关，恰巧遇上西凉兵马。便在两边布下阵势。曹操骑马立在门旗下，看到西凉兵士，一个个非常地勇健，马超面色像是附着粉，嘴唇像抹了红，宽大的身体，声雄力猛，白袍银铠，手中拿着长枪，立马阵前，上首是庞德，下首是马岱。曹操内心称奇，于是拍马上前，对马超说：“你是汉朝的一个名将子孙，你为何要背叛朝廷？”马超咬牙切齿，大骂：“曹贼！你对皇上不忠，罪恶极深，还杀害了我的父亲和弟弟，不共戴天之仇！我今天要活捉你，把你的肉吃掉！”说完，挺枪便杀向曹操。曹操背后于禁出迎，两马开始交战，一会于禁败走。张郃出迎，也败走了。李通出迎，马超奋勇前去厮杀，没用多长时间就一枪把李通刺下马。马超用枪向后一招，所有的西凉兵都冲杀过来了。曹军大败。西凉兵气势十分地凶猛，曹军根本抵挡不住，听到西凉军中大叫："穿红袍的那个是曹操！"曹操立马脱掉了红袍。又听到大叫："长胡子的那个是曹操！"曹操慌忙中，用随身携带的佩刀割掉了胡子。马超的士兵说曹操割掉了胡子，马超又叫士兵大喊："短胡子的是曹操！"曹操听后，立即用衣角遮住下巴逃跑了。后人有诗说："潼关战败望风逃，孟德仓惶脱锦袍；剑割髭髯应丧胆，马超声价盖天高。"

　　曹操正准备逃跑之时，背后追击来一员战将，回头一看，是马超。曹操惊恐万分。曹操的左右将校看到马超追来，都各自逃跑了。马超说："曹操，你是跑不掉了！"曹操吓坏了，手中的马鞭都扔了。马超从背后用枪刺去。曹操绕树逃跑，马超把枪刺到了树上，他急忙拔下时，曹操已经跑远了。马超骑马追去，山坡边跑来一名战将，大喊："不要伤害我的主公！曹洪在此！"抢刀上前，截住了马超。曹操这下才逃了性命。曹洪与马超攻打了一阵，刀法开始渐渐地乱了起来。这时，夏侯渊率领数十骑赶到。马超是独自一人，恐怕抵不过夏侯渊这么多的人马，遭到他们暗算，于是马超拨马而回。曹操回寨，叹气说："如果当初我杀了曹洪，今日我一定死在了马超手里！"于是重重奖赏了曹洪。收拾败军，坚守寨栅，不再出战。

第五章

一身是胆的蜀汉名将——赵云

名将档案

☆姓名：赵云

☆别名：赵子龙

☆民族：汉族

☆出生地：常山真定（今河北正定南）

☆出生日期：公元 167 年（待考）

☆逝世日期：公元 229 年

☆主要成就：长坂坡救阿斗、定益州郡县

☆封爵：永昌亭侯

☆谥号：顺平侯

☆生平简历：

公元 192 年，赵云在公孙瓒帐下效命，刘备前来投奔，二人意外地认识了。

公元 200 年，赵云与刘备第二次相见，并且在这一年投入刘备帐下。

公元 202 年，赵云与夏侯惇等在博望对战，生擒并且推荐夏侯兰。

公元 208 年，赵云长坂坡救阿斗。

公元 211 年，赵云担任留营司马。

公元 214 年，赵云与刘备、诸葛亮在成都会合，合围成都。益州既定，赵云担任翊军将军。

公元 219 年，赵云在汉水大破曹操兵。

公元 223 年，赵云担任中护军、征南将军、封永昌亭侯、迁镇东将军。

公元 227 年，赵云跟随诸葛亮驻守汉中。

公元 229 年，赵云因为疾病去世。

人物简评

在汉末三国时期的著名将领中，蜀汉将领赵云是一个是被后人所津津乐道的人物。关于他的故事主要集中在西晋史学家陈寿的《三国志》书中。这本书专门辟有赵云的传略，但是，该传只有四百来字，而且语言描写不详细，很难让人对于赵云的一生进行一个全面的了解。好在南北朝裴松之在为《三国志》做注时，引用了一个既不知道作者、也不知道作品年代的《云别传》，这才使赵云的事迹有了相对比较详细的介绍，后人也可以从中还原出赵云这位文武双全、很有远见的人物原貌。

在蜀汉武将群体中，赵云这个人物是十分罕见的。他兼有关羽与张飞的国士之风，却没有关羽的刚而自矜与张飞的暴而无恩；他既有马超与黄忠身上的骁勇善战的特性，又有着两个人所不具备的无双智谋。更为难得的是，赵云不仅在战场上表现非常出色，有着惊人的战绩，而且还极具政治眼光与远见卓识。与此同时，他还有着非常好的大局观念与相当独特的个人品质，这在蜀汉武将群体中可是独一无二的。不过，非常可惜的是，这样一位完美的名将却一直没有能够充分地发挥其作用。这不得不说是赵云的遗憾，更是刘氏（刘备）集团的重大损失。当年刘备曾力排众议，放弃了张飞而选择让魏延担任汉中太守，保障了汉中地区不受曹魏的袭扰。倘若选择留守荆州人员的时候，刘备也可以做到人尽其才，命令赵云镇守荆州，或许三国历史的发展进程就会变成另外一个样子了。

生平故事

意外相遇　誓死追随

　　赵云身高八尺有余，长得十分英俊。汉末天下大乱的时候，赵云加入了幽州军阀公孙瓒的营帐。那个时候，冀州地区正处在袁绍与公孙瓒这两个军事、政治集团之间的相互争夺当中。冀州，处在中原腹地，向来就有"天下重资"的称号，不但战略位置十分重要，而且人口众多，经济发展在汉末也处在领先水平。

　　袁绍早就对冀州虎视眈眈，就利用当时担任冀州牧的韩馥为人懦弱的特点，威胁逼迫韩馥将冀州让了出来，自己取而代之。袁绍在成功地谋取冀州之后，迅速成为了中原地区实力最为强大的割据势力之一。

　　很多原本采取观望态度的冀州豪强相继加入了袁绍的阵营，而赵云却率领部众加入了同样想要染指冀州的幽州割据势力公孙瓒这一方。赵云的投奔让公孙瓒感到十分诧异，他还情不自禁地向赵云问起了原因："早就听说你们常山郡的人心中都向着袁绍，认为追随袁绍就会有很好的前途，为什么你却偏偏来投奔我呢?"赵云的回答让公孙瓒相当意外。赵云回答："现在，天下纷纷攘攘，民心已经大乱，百姓将会面临战乱之苦。我们想追随的是可以施行仁政之人，并没有轻视袁绍而偏向您的意思。"寥寥几句话就表现出早年的赵云对于安邦济世、施行仁政这种太平盛世的强烈渴望与追求。

　　不过，赵云的这一次的选择没用多长时间就被证明是一个错误之举。根据历史记载，公孙瓒这个人，本性十分残暴，非常喜欢杀戮，与赵云心目中的可以依托终生之主完全不是一个概念。正当赵云感到迷茫与彷徨的时候，刘备意外地出现在了赵云的面前。这个时候的刘备也因为在中原辗转好几年，但是始终没有办法得到发展而被迫投靠了公孙瓒这位自己的老同窗。

公元192年~193年，刘备奉命和青州刺史田楷一同去抵抗袁绍所发起的猛烈进攻，非常巧的是，赵云那个时候正好也在出征的行列中，就这样，赵云与刘备两个人意外地认识了。经过一段时间的交谈之后，赵云与刘备的关系逐渐地变得亲密起来。

没多久之后，赵云由于自家兄长去世的原因而告假回乡了，刘备的心中也非常清楚赵云这么一去，一定不会再愿意回到公孙瓒的阵营了，而自己也不知道什么时候才能够与赵云再一次相见，于是，就在赵云离开的时候一直地拉着赵云的手不肯放开。赵云也非常动情地对刘备说道："我这一辈子都不会忘记你的恩德的！"

这个故事出现在《云别传》中，但是在陈寿的《三国志·赵云传》中却没有任何的蛛丝马迹。在《三国志·赵云传》中只不过是简简单单地提到了一些关于赵云在跟随田楷、刘备等人讨伐袁绍之后，加入了刘备阵营，并且被刘备任命为主骑之职的事情。在史料上，关于赵云离开公孙瓒回到家乡奔丧的这一段时间所发生的事情却没有一丝一毫的记载。

赵云再一次与刘备相见的时间已经是公元200年了。那个时候，刘备已经逃出了曹操的魔掌，在徐州割据一方，对曹操的后方形成了非常严重的威胁。曹操亲自率领精兵良将向徐州发起猛烈的进攻，刘备的军队抵挡不住，大败而归。

刘备在走投无路的情况下，不得已投靠了当时实力与曹操可以相提并论的袁绍，并且也因为这个原因参加了袁绍与曹操之间爆发的决定中原地区霸主地位的战略央战，也就是历史上非常著名的官渡之战。就在战争进行的过程中，赵云赶到了邺城与刘备进行会合。

对于赵云的意外投奔，刘备的心中是相当高兴的。之后，刘备还秘密地派遣赵云悄悄地招募了数百名兵士，以便使自己的队伍得以壮大，对外则宣称他们是刘备的部曲，就连袁绍也不知道这其中隐藏的奥妙。

由此可见，这个时候的刘备在心中早已打定主意离开袁绍，自己另起炉灶，而赵云的秘密招兵则成为了这个蓄谋很久的计划中的一个不可缺少的重要组成部分。

官渡之战开始之后没过多久，刘备就向袁绍提出了一个建议，准备前往曹操的后方进行一些骚扰活动，事实上就是为了利用这个机会从袁绍阵营脱离出来，而袁绍想都没有想就答应了刘备的请求。所以，赵云也就带着自己招募来的数百名士兵和刘备一同来到了汝南地区，并且与刘备一起对曹操派来的大将蔡阳的进攻进行顽强的抵抗。

但是之后不久，曹操就再一次亲自率领兵将对刘备进行征讨。刘备眼看着自己不是曹操的对手，在万般无奈的情况下，再一次选择了逃跑，赵云自然而然地也只能与刘备一同来到了荆州牧——刘表所占据的荆州地区。

搭救阿斗　主管内务

刘备来到荆州之后，荆州牧刘表对刘备的态度十分的矛盾。这个时候，曹操和袁绍之间的战略决战已经有了一个结果，曹操大军将袁绍大军打败了，袁绍集团的力量被大大地削减了，其覆灭也就成了一个时间长短的问题。

在这样的情况下，曹操的下一个进攻目标，非常有可能会瞄准荆州。刘备作为与曹操进行过好几年较量的老对手，对于曹操的这个特点自然是了如指掌的。刘表也希望刘备能够为未来抵抗曹操有可能发动的规模巨大的进攻发挥较大的作用。但是，另一个方面，刘表也担心刘备趁着寄寓荆州的这个时机，大力发展自己的势力，从而对自己在荆州的统治造成负面的影响。

在这种矛盾心理的影响下，刘表给刘备增加了一定的兵力，补充了一定的给养，把刘备安排到了新野地区，与曹军形成了直接的对峙，充当未来战争的一线力量。后来又把刘备安排在荆州的腹地，也就是樊城驻守，以便于自己对其进行直接的控制。

刘备在新野驻守仅仅一年多的时间之后，曹操就派遣大将夏侯惇、李典、于禁向荆州发起了猛烈的进攻。刘备奉命与曹军进行交锋，双方在博望地区展开一场大厮杀。刘备用火将自己的营寨烧毁，假装是被打败而撤退了，引诱曹军展开追击，并且设下埋伏等待曹操大军的到来。夏侯惇不知道其中有诈，贸然前去追赶，结果被刘备的军队打败。

赵云也参加了这一次的博望之战，并且在战斗的过程中把曹军将领夏侯兰生擒。这个夏侯兰本来就是赵云的同乡，两个人从小就是好朋友，夏侯兰又通晓律法，所以，赵云在博望之战结束之后，在刘备面前推荐了夏侯兰，后来，刘备己任命夏侯兰担任了军正之职。

公元208年7月，曹操开始向荆州地区发动规模巨大的进攻。但是，就在这个时候，刘表因为疾病去世了，他的儿子刘琮根本没有进行一丝一毫地抵抗，就拱手将荆州送给了曹操。而驻扎在樊城的刘备原本也是对荆州有想法的，想要寻找一个合适的机会，将荆州划入自己的版图中。但是，当他看到刘琮拱手送出荆州，曹操成了荆州的新主人，他也没有任何办法，在不得已的情况下只得放弃城池逃跑了。

曹操派出自己的精锐的部队——虎豹骑进行追击，并且在当阳长坂地区追上了刘备。在虎豹骑的猛烈进攻下，刘备不得不扔下了自己的妻儿向南逃窜。这个时候的赵云却是孤身北往，离开部队而去。

那个时候，刘备手下有一个随从甚至报告说赵云离队而去，一定是去投靠曹操了。刘备对此怒不可遏。他拔出短戟扔向了随从，并且断言赵云是绝对不会背叛自己而去投奔曹操的。事情的真相果然像刘备所说的那样，赵云之所以会在那个时候离开，只是为了寻找刘备的一家老小。

没多久，赵云就找到了刘备的夫人甘氏与儿子刘禅。于是，赵云一边抱着刘禅，一边保护着夫人甘氏，在战火硝烟中从曹操大军的重重追击下逃了出来，将他们母子二人平平安安地送到了刘备的面前。

曹操占据荆州之后，刘备为了更好地与曹操的大军进行对抗，便与东吴的孙权结成了同盟，一起与曹操的大军展开了一场决战。在赤壁之战中，曹操的大军被打得伤亡无数，曹操带着剩余的残部仓皇逃跑了。

刘备的势力迅速向荆州南部地区扩张。赵云被任命为偏将军，兼任刚刚被刘备收复的荆州桂阳郡的太守，以便代替曹操所任命的原太守——赵范。为了与新来的太守搞好关系，赵范将自己已经守寡的嫂子樊氏搬了出来，告诉赵云自己的嫂子十分貌美，并且准备将她嫁给赵云。而赵云坚决予以拒绝。赵云说道："你与我是同姓，你的哥哥也相当于是我哥哥，我怎么能够娶自己哥哥的夫人？"

那个时候，也有人建议赵云应当答应这门亲事，赵云正色道："赵范是看着大势不利而在被迫的情况下投降的，他内心的真正想法，谁也不知道。天下的美女有的是，我为什么要这样地着急呢？"结果没过多久，赵范果真逃走了。

赵云遇到事情思维十分缜密周到的特点，也受到了刘备的重视。

公元 209 年，刘备将一个非常艰巨的任务交给了赵云，这个任务就是主管内务。

那个时候，为了更好地加强孙刘联盟，孙权把自己的妹妹嫁给了刘备，这也就是后人所说的孙夫人。这位孙夫人可不同于一般的女子，尽管他身为女流之辈，但是从小就非常喜欢舞刀弄枪，性情也十分刚猛，脾气也甚是骄横。不仅这样，孙夫人还带来了一百多名侍婢，每一个都精通武艺，而且是整天都腰挎短刀侍立在孙夫人的门外。刘备每一次去见新婚的妻子，只要一看到这帮侍婢，心里就觉得相当不自在，唯恐出现什么意外。

与此同时，跟着孙夫人而来的江东兵丁与官吏也狐假虎威、横行不法。这也让刘备感到很恼火。刘备看到赵云为人方正严谨、处事也十分稳重，专门任命赵云为留营司马，对于这些人的行为进行约束。

赵云执掌内务没有多久，孙夫人就闹出了一件不小的事情，这也就是后世都非常熟悉"拦江截阿斗"。那个时候，孙权得知刘备率领兵将进入益州的消息之后，就派出了船队来到荆州，准备将孙夫人接回江东省亲。而孙夫人临行的时候又把刘备的儿子刘禅一起带上了。

尽管这件事情从表面上来看十分平常，但是如果从赤壁之战结束后孙权与刘备之间错综复杂的关系判断，只要刘禅被孙夫人带去了江东，也就成为了孙权手中的人质，到那个时候，孙权就利用刘禅这个人质与刘备进行讨价还价。就在这十分紧张的关键时刻，又是赵云挺身而出，与张飞一起将孙夫人的船队拦截了下来，逼迫孙夫人将刘禅交还了回来，从而避免了刘禅沦为孙权手中人质，进而避免了为刘氏（刘备）集团所带来的不利局面。

公元201年~214年，赵云在荆州总共生活了十三年。在这十三年当中，所表现出来的特点是相当鲜明的。作为战将，他不仅有在千军万马之中勇敢救幼主的胆识，而且还有在诱惑面前保持清醒头脑的冷静，他的为人方正而且严谨、处事非常稳重，这在蜀汉武将群中是相当少见的。

公元214年，留守荆州的赵云奉命和诸葛亮、张飞等人一同进入益州对刘备进行支援。从此，赵云就离开了荆州，加入了益州战场，为刘备集团夺得益州、实现"跨有荆益"的战略目标贡献着自己的力量。在随后进行的益州、汉中的战事过程中，赵云不仅向世人展示了其在战场上有勇有谋的著名将领本色，而且还表现出他十分独特的政治远见。

益州、汉中显神勇

刘备进入益州后还没有到一年时间就与益州的主人刘璋反目成仇，并且开始了争夺益州的一系列战争。虽然有了一定的进展，但是始终没有办法取得决定性的胜利，双方一度陷入了僵持对峙的状态。

为了尽快加速战争的进程，刘备在建安十九年（公元214年），命令诸葛亮率领兵将从荆州进入益州进行增援。作为这支大军的主要将领之一，赵云接受命令沿江西下，直取江阳。在顺利地完成了占领江阳的任务之后，赵云随后又出兵犍为，从东南方向对刘璋的老巢——成都形成了巨大的威胁。

在诸葛亮、张飞以及赵云等援军的配合之下，刘备于同年开始将成都团团围困住。为了尽早将成都拿下，使益州争夺战赶快结束，刘备曾经和部下一起约定，将成都拿下之后任由部下获取成都府库中的财物。结果在成都城破之后，众将士都冲向府库对其中的财务进行哄抢，与此同时，还对成都城进行了疯狂的洗劫，这对于成都的经济发展与社会稳定都产生了非常消极的影响，甚至使整个益州地区的稳定都受到了影响。

不仅这样，有人竟然还向刘备提出了一个十分荒唐的建议：请求刘备把成都城中的房舍与城外的庄园、桑田都分赐将领。一旦这个建议正式实施，将会导致成都乃至益州地区发生更大的混乱，甚至会激发民变。

就在所有人还沉浸在胜利的喜悦之中的时候，只有赵云站出来反对这个十分荒唐的建议。赵云对刘备说："当初汉朝的著名将领霍去病因为匈奴没有被消灭而说过'何以为家'的豪言壮语，没有去置办自己的家业。如今，我们所面对的敌人比起当年的匈奴来可以说是更加地强大、危险，我们怎么能够现在就去追求个人的安逸呢？只有等到天下平定的时候，大家各返家乡、归耕田地，那才是最合适的机会。现在，益州刚刚遭受了战火的灾难，百姓们还处在流离失所、生活艰难的困境中，应当将这些人的田产住宅都归还到他们的手中，想尽一切办法让他们安居复业，以后再征调劳役与赋税，只有这样才能够获得百姓的爱戴与拥护！"

赵云的这一个意见的意图十分明显，提醒了依旧沉醉于胜利喜悦之中的刘备，想要结束目前混乱的局势，就一定认真处理好与当地百姓之间的关系，一味地进行掠夺是没有办法维持刘氏（刘备）集团在益州地区的长时间统治的。

在赵云的提醒之下，刘备立即采取了一系列有效措施，从占领者的角色快速过渡为统治者，为益州地区的稳定与发展打下了非常坚实的基础。在这个事件当中，赵云的政治远见得到了一个非常好的体现。

经过将近三年的建设与发展，刘备在益州地区的统治取得了非常好的效果。这个时候，他把目光转向了由曹操控制的汉中地区，并且从建安二十二年（公元217年）亲自领兵向汉中发起猛烈的进攻，赵云作为随军将领也参加了这场耗时两年之久的汉中之战。在这一次战役中，赵云又有着非常精彩的表现。

汉中之战，是刘氏（刘备）集团成功地夺得益州、实力大增之后与曹氏（曹操）集团展开的一场为了争夺汉中这块益州门户的非常关键的战斗。为了保证这场关键战役的胜利，刘备不仅从益州调集了大量的兵力进入汉中，而且还命令留守成都的诸葛亮在益州大肆募兵进入汉中战场。

与此同时，除了镇守荆州的关羽外，刘氏（刘备）集团的著名将领全部都跟着刘备进入汉中作战。首先登场的是早已威震中原的张飞以及名扬凉州的马超，他们联袂在公元218年3月在固山地区与曹军将领曹洪以及曹休所部展开一场激烈的战斗。不过，这两员名将在这一次战斗中的表现却是不尽如人意。张飞的疑兵之计并没有能够骗过曹军将领曹休，不仅遭遇失利，而且还导致大将吴兰被杀；接下来是刘备手下的另外一名将领陈式又在马鸣阁道被曹军将领徐晃打败，损失非常惨重，刘备与曹操之间在汉中的较量陷入了僵局的状态。

直到公元219年，刘备大军在定军山地区，将曹军在汉中地区的最高军事长官夏侯渊斩杀，汉中之战才出现了非常大的转机，这一仗我们会在后面介绍夏侯渊的时候详细说明。定军山一战，使得正在长安的曹操进入了汉中前线，双方再一次陷入了胶着的状态。

曹操进入汉中后，北山成为了曹操大军粮食运输非常重要的通道，通过北山的粮食有五千袋之多。蜀军大将黄忠对于曹操的这条粮食通道高度关注，黄忠决心要对曹军粮道进行袭击，并且让赵云负责断后，而且事先约定好了回程的时间。

不过，结果却事与愿违，过了约定时间之后，黄忠不仅没有能够返回，反倒是曹军的大批人马忽然出现，向赵云所率领的这支小股队伍发起猛烈的进攻。赵云带着身边的数十骑兵刚刚将曹军前锋的冲击打退，后面大股曹军又蜂拥而至，将赵云等人团团围住。经过一番苦战之后，赵云等人终于从曹操大军的包围圈冲了出来，撤回了自己的营寨。然而，部将张著身负重伤，陷入重围没有办法脱身。赵云什么话也没有说，立即带人再一次冲进了包围圈把张著救了出来。

赵云带着负伤的张著刚回到营寨没有多长时间，大量曹军士兵也乘这个机会追到了赵云的营寨前。因为双方的力量对比相当悬殊，赵云营中的部将张翼打算关闭寨门进行坚守。面对这样危险的局面，赵云却作出了一个让人怎么也想不到的决定：打开寨门，偃旗息鼓，摆出了一副等待曹军进攻的架势。曹军士兵看到这样的情况，认为赵云必定设有伏兵，就停止了进攻，打算退兵。赵云抓住曹军疑惑这个千载难逢的机会，突然命士兵鸣响战鼓，一时之间，战鼓声惊天动地，更加增加了曹军的心理压力，队伍出现了混乱。赵云见机马上令手下的弓箭手冲着敌军万箭齐发射。曹军又惊又怕，相互践踏，掉在汉水中淹死的士兵数不胜数。

第二天，收到赵云大破曹军的消息之后，刘备亲自来到赵云的营寨进行视察，在查看了营寨的地形、地势之后，刘备对赵云赞叹不已，称赞他一身是胆，并且设宴为赵云庆功。从此之后，赵云就有了"虎威将军"的雅号。

在刘备大军的顽强阻击之下，曹操认为自己没有办法在汉中地区讨到便宜，就在同年下令全军从汉中撤了出来。汉中这个战略位置非常重要的地方也从此落到了刘备的手里。同年，刘备自立为汉中王，刘氏（刘备）集团经过数十年的艰苦作战，最终形成了和曹操、孙权三分天下的局面。

不过，让人感到十分蹊跷的是，刘备在称王后大封文武。关羽、张飞、马超以及黄忠被授予了前、右、左、后将军，而在益州争夺战以及汉中之战中都表现得非常出色的赵云却没有得到任何的升迁，依然还是刘备夺取益州时候被任命的翊军将军这一个杂号将军的职务。

劝阻夷陵之战未果

就在刘备连续夺取益州、汉中、东三郡地区，达到事业的顶峰的时

候，远在荆州镇守的关羽却非常意外地遭到了孙权与曹操的联合夹击，由于关羽自大狂妄的性格，不仅使得荆州地区全部丧失，而且关羽自己也被孙权生擒，因为拒不投降最终被孙权杀死。这对于诸葛亮所提出的"两线作战、统一全国"的战略构想，造成了毁灭性的打击。

为了将荆州夺回来，刘备称帝的这一年（公元220年），就非常明确地提出了"东征孙权，夺回荆州"的计划。对于刘备的这个计划，没有几位大臣表示反对，甚至，神机妙算的诸葛亮对此也不置可否，态度非常含糊。

这个时候，仍然担任翊军将军的赵云再一次站了出来，公开劝说刘备取消这个东征的计划。

赵云说道："如今的国贼是曹操而不是孙权，我们应当先去征讨曹魏，倘若曹魏被我们消灭，东吴自然而然也就臣服了。现在，曹操已经毙命，他的儿子曹丕公然篡汉自立，成为了天下公敌。我们应当充分利用这个这个十分有利的时机对曹魏发起讨伐战争。先攻下关中，占据渭水、黄河的上游，然后顺流而下对曹魏发起总攻。倘若是这样的话，曹魏占领区的义士与百姓们都会自告奋勇地来响应陛下，那么将曹魏彻底消灭也就变得指日可待了。在这种情况下不应当放弃征讨曹魏的大好时机而去东征孙权啊！而且与孙权的战事只要展开了，也就不会很容易地很快分出一个胜负，这岂不是一个聪明的决定。"

赵云的劝阻可以说是非常富有政治远见，不仅将天下大势作了一个十分客观而且冷静的分析，而且还提出了一个切实可行的发展战略，显示出赵云非比寻常的政治头脑。倘若赵云的意见能够得到刘备的接受的话，三国历史的发展进程也一定不会出现后来的局面，刘氏（刘备）集团的力量也不会在与孙权的决战中受到非常重大的消耗，造成蜀汉国力迅速下降，诸葛亮也不会鞠躬尽瘁死而后已，到最后也没有实现统一全国的梦想。

不过，令人感到非常遗憾的是，刘备并没有接受赵云这个正确的主张，不仅这样，刘备也没有把赵云这位文武兼备的大将留在自己的身边以便帮助征讨孙权，而只不过让赵云领兵在江州镇守，作为东征大军的后援。没有过多久，刘备就在夷陵之战中被陆逊火烧连营七百里，大败而回，而赵云这位文武兼备的将军也只好眼巴巴地看着刘备的大军在夷陵惨败而没有办法施以援手，这可以说是赵云，这位一代名将的终身遗憾了。

刘备兵败夷陵后，心力交瘁，没有过多久就在永安因为疾病去世了。这个时候的赵云碰巧正好在永安镇守，刘备在临终之前的托孤，赵云就是亲身经历者之一。

也许在这个时候，赵云环目四顾，也能够体会到诸葛亮那种非常悲伤而且沉痛的心情了。只不过短短几年的时间，关羽、张飞、马超、黄忠这些为刘氏（刘备）集团立下过汗马功劳的著名将领们都相继去世了，刘氏（刘备）集团的实力也由于夷陵之战的惨败受到了非常重大的损失，不仅隆中对的战略决策已经化成了泡影，而且就连蜀汉王朝的生存也有了非常大的变数。早年就追求仁政、渴望天下太平的赵云，看到刘备这位自己心目中的仁君也驾鹤西归，心中的悲伤是没有办法用语言来表达的。也许这个时候的赵云已经把他一生的理想都寄托在了诸葛亮的身上了。

生命最后的光与热

后主刘禅继承王位之后，赵云的政治地位得到了极大的提升，他先后被任命为中护将军、征南将军以及镇东将军等职，而且还被封为永昌亭侯。作为刘氏（刘备）集团硕果仅存的大将军，赵云很快就出现在了诸葛亮北伐的战场上，为了实现诸葛亮统一全国的政治理想奉献着自己最后的力量。

公元227年，诸葛亮在汉中屯兵，赵云也奉命进入了汉中地区，为将要展开的北伐做着最后的准备。第二年，诸葛亮的北伐正式拉开了序幕，这也就是后人俗称的"一出祁山"。为了实现迷惑敌人的目的，诸葛亮采取了声东击西的战略，假装大军主力从斜谷道出兵对郿城发起进攻，与此同时，派遣赵云和邓芝一起率领一支偏师作为疑兵进攻占领斜谷南侧的箕谷，引诱曹操大军的主力向东移动，而诸葛亮则率领大军主力从祁山出发，直扑曹魏所占据的天水、安定以及南安等地。

果然不出所料，诸葛亮的这招疑兵之计收到了很好的效果。魏明帝曹睿火速派遣大将军——曹真统帅关中曹军主力奔向郿城进行支援，而在诸葛亮主攻的天水、安定以及南安等地因为疏于防范，所以诸葛亮的战略目的最后顺顺利利地达成了。在诸葛亮北伐大军的忽然进攻面前，天水、安定和南安等地相继落到了诸葛亮的手中，形势对诸葛亮是十分有利的。然而，就在这个时候，负责掩护北伐大军侧翼的将领马谡在街亭一役中被曹魏著名将领张郃打败，导致街亭这个战略位置无比重要的地方丢失了。街亭之失不仅对北伐大军的战略计划产生了非常严重的影响，而且也使得诸葛亮的大军随时都非常有可能陷入被曹军包围并且消灭的危险局面。诸葛亮在万般无奈的情况下，不得不下令全军从汉中退了回来，一出祁山就这样以失败而告终。

这个时候，负责吸引曹操大军主力的赵云，在箕谷地区也遇到了曹真大军的猛烈进攻，战事不利，在箕谷大败，也被迫从汉中地区撤了回来。赵云也因为这个原因被贬为镇军将军。但是，赵云所部退回汉中之后，诸葛亮询问邓芝："在街亭一役失败之后，为什么马谡的军队溃不成军、失散士兵非常多，而赵云与你在箕谷失利之后，将士们却没有出现什么离散的情况呢？"邓芝回答道："因为赵云亲自在部队的最后压阵，所以将士们才可以保持军心的稳定，没有出现任何的混乱，就连军用物资也一点儿也没有遗弃。"随后，诸葛亮亲自视察了赵云所部，发现赵云带回来非常多的绢帛，就吩咐赵云把这些绢帛作为赏赐分给他手下的将士们。但是赵云却正色回答道："我们打了败仗还有什么资格获得赏赐？还不如把这些绢帛放入仓库中，等到十月份的时候再发给将士们，以便过冬吧。"

虽然一出祁山最终失利，但是，赵云作为一支偏师，在面对曹真的优势兵力的时候，仍然能够全身而退，这本来就是一件相当难得的事情，面对失利依然可以保持不慌不乱，不仅所部没有遭受重大的损失，而且将宝贵的军用物资带了回来，体现出了赵云十分出色的军事素养，难怪诸葛亮会对此十分感动。

但是，令人感到相当遗憾的是，赵云在公元 229 年因为疾病离开了这个世界，从此之后，这位文武双全的一代著名将领彻底从历史的舞台中退了出去。

第六章

淡泊一生的魏国功臣——夏侯惇

名将档案

☆姓名：夏侯惇

☆别名：元让、盲夏侯

☆民族：汉族

☆出生地：沛国谯县（今安徽亳州）

☆出生日期：不详

☆逝世日期：公元 220 年 6 月 13 日

☆主要成就：魏朝开国元勋

☆封爵：高安乡侯

☆谥号：忠侯

☆生平简历：

公元 190 年，夏侯惇担任司马，跟随曹操到扬州募兵。曹操建立势力后，夏侯惇屯兵白马，不久之后升任折冲校尉，领东郡太守。

公元 193 年，曹操征讨陶谦，夏侯惇镇守濮阳。后来，夏侯惇在与吕布交战时，不幸被流矢射伤左眼，败北而回，从此被人称为"盲夏侯"。

公元 196 年，曹操接汉献帝到许县，夏侯惇转任河南尹。

公元 198 年，夏侯惇受命出兵帮助被吕布将领高顺攻击的刘备，但是最终败北而回。

公元 200 年，曹操与袁绍交战时，夏侯惇率部防守敖仓，掩护大军左侧安全。

公元 202 年，夏侯惇在与刘备对阵的时候，不幸中计，被刘备的伏兵所败，最后被李典所救。

公元 204 年，邺城破后，夏侯惇担任伏波将军，授权能简单从事，不用拘于制度。

公元 207 年，因前后功劳，夏侯惇增封邑一千八百户，与以前所赐的加上有二千五百户之高。

公元 215 年，夏侯惇参加了讨伐汉中张鲁的战事。

公元 216 年，曹操征孙权归还，夏侯惇与曹仁、张辽等人屯兵居巢，防卫孙权。

公元 219 年，夏侯惇受拜前将军，督各军还寿春，徙屯召陵。

公元 200 年，曹丕登位，册封夏侯惇为大将军，同年 6 月 13 日，夏侯惇去世。

公元 233 年，夏侯惇与曹仁、程昱因功而受到曹叡在曹操庙庭祭祀的礼遇。

人物简评 ☁

　　要问曹操最嫡系的大将是谁？其实，这个问题不是很难。他不是在逍遥津以少胜多的张辽，也不是将关羽打败的徐晃，而是独眼将军——夏侯惇。说曹操最信任之人是夏侯惇，有两个方面可以证明：第一，夏侯惇是曹魏集团中唯一一个可以自由出入曹操卧室而不通报的将领；第二，夏侯惇所担任的职务与权力。当然了，除此之外，还有一个人们争论了差不多有一千多年的问题，即夏侯惇与曹操之间很可能原本就有着特殊的关系。总而言之，夏侯惇是曹氏（曹操）集团十分重要的名将之一。

　　关于夏侯惇的性格特点，《三国志·田畴传》中提到，夏侯惇性格清静简朴，尽管身居高位，待遇非常优厚，而且还拥有二千五百户的租赋收入，但是，夏侯惇每一次有了多余的钱财，总是会分散给别人，从来不会购置私人的产业，可以这么说，夏侯惇是一个非常少见的相当清廉的高官了。夏侯惇的这个特点与一向主张节俭的曹操十分合拍。这很可能也是曹操器重他的一个原因。

生平故事 ☁

复杂的亲戚关系

　　说起曹操与夏侯惇间的特殊关系，那可是多方位的。首先是他们之间的亲戚关系，而这种关系也是非常复杂的。认真推算起来，他们之间的亲戚关系延续了三代。

众所周知，曹操的爷爷曹腾是一个宦官，也就是人们常说的太监。太监是不可以生儿育女的。但是，从东汉的汉顺帝时期起，皇帝就特意允许宦官们可以收养别人家的孩子来继承自己的爵位与财产。作为东汉中后期权势非常大、人们不敢轻易接近的宦官，曹腾自然也不会例外，他就收养了一个男孩，并且取名为曹嵩，而这个曹嵩就是后来曹操的亲生父亲。

不过，既然曹嵩是曹腾养子，那么这个曹嵩的本家又在什么地方呢？这个问题可以说自从三国形成后早已就成为了一个众人激烈讨论的热门话题。这个问题是由汉末河北军阀袁绍最早提出来的。他在官渡之战迁徙发布的征讨曹操的檄文中说："父（曹）嵩乞丐携养"，不过，这句话只是说出了曹嵩的出身十分低贱，是一个要饭的，但是却没有提到曹嵩本来是哪家的孩子。

到了后来，东吴人所写的《曹瞒传》与晋人郭颁的《世语》中则非常清楚明白地写道："（曹）嵩，夏侯氏之子，夏侯惇之叔父。太祖（即曹操）于（夏侯）惇为从父兄弟。"从这个记载中可以得出这样的结论：曹操与夏侯惇本来就是亲戚，而且两个人的父亲原本是亲兄弟，那么，这两个人自然也就成了血缘非常近的堂兄弟。西晋陈寿在撰写《三国志》时，将包括夏侯惇在内的夏侯家族和曹操的曹氏家族进行合传，这也是一种非常明显的曲笔，暗示着曹操与夏侯惇是亲戚关系。尽管后世的学者在这个问题上也出现了不少争议与分歧，不过，总体来说，赞同此类说法的占大多数。

夏侯惇与曹操除了上一代就是亲戚外，他们自己的这一代也是亲戚关系。这种亲戚关系是由夏侯惇的堂弟——夏侯渊所带来的。夏侯渊的妻子和曹操的妻子是姐妹，所以夏侯渊和曹操也就成了连襟，夏侯惇自然而然也就成了曹操的亲戚。

而夏侯惇和曹操的下一代关系则更是相当亲密。曹操的女儿清河公主嫁给了夏侯惇的儿子夏侯楙为妻。

这样多重而且复杂的亲戚关系，也就形成了夏侯惇与曹操之间的那种非常特殊的情感，这两个人之间的关系自然也就与其他人有着很大的不同了。曹操举兵反对董卓的时候，夏侯惇是第一批加入曹操麾下的家族子弟兵。

曹操担任代理奋武将军，夏侯惇也成了军中司马，跟着曹操南征北战。也许也正是由于这么多的亲戚关系，夏侯惇在曹操的面前也显得十分随便。根据《三国志·夏侯惇传》记载，可以自由进出曹操的卧室而不需要事先进行通报的，除了夏侯惇之外，就再也找不出第二个人了。而曹操对于夏侯惇这位亲戚也是相当客气的，不但邀请夏侯惇与自己一块同车出入，而且就连当上魏王后没有授予夏侯惇魏国的官位这件事情也要当着他的面非常认真地解释了一番，由此可见，曹操对夏侯惇的与众不同了。究其原因，他们之间的亲戚关系就是其中的一个非常重要的因素。

有了与曹操是亲戚的这层特殊关系，夏侯惇在曹氏（曹操）集团发展的道路上就有了一个非常好的事业基础。自从讨伐董卓战争开始后，夏侯惇就一直追随在曹操的身边，可以说是出生入死、竭尽全力。特别是在曹操集团草创与发展阶段，夏侯惇每次都被曹操委以重任。

战功不多　颇受重用

不过，夏侯惇虽然很得曹操的重用，但是倘若翻开《三国志》的相关章节，我们就很容易发现，夏侯惇的军旅生涯中却没有几件令人称赞的功绩，唯一可以拿的出手的也就是在吕布对兖州进行偷袭的时候。因为夏侯惇率领部将顽强地抵抗，曹操的家眷才没有被吕布、张邈的叛军俘虏。除此之外，在历史记载中最多的还是夏侯惇的败绩，尽管他算不上是一个常败将军，但是也不能够算作是一个战绩十分卓著的大将。在这里我们先列举一下夏侯惇所经历过的战争与胜负情况：

公元190年，夏侯惇与曹操一起到扬州招募兵将。在扬州刺史陈温、丹阳太守周所的协助之下好不容易招募到了四千士兵，结果在龙亢地区就遇上了新兵的叛乱。叛乱的新兵用火将曹操的大帐给烧毁了，迫使曹操要亲自动手挥剑上阵，一连斩杀了数十叛兵才使得自己的性命得以保全。倘若夏侯惇支援得力的话，也许曹操就不用如此地拼命了。

等到公元194年，曹操第二次东征徐州，将夏侯惇留下，任命他为东郡太守，负责守卫自己在兖州的大本营。令人意想不到的是，兖州豪强张邈、陈宫等人与凉州军阀吕布一同在兖州爆发叛乱，并且占领了兖州大部分地区。作为曹操留守的最高级别的长官，夏侯惇的手中就剩下了鄄城、东阿与范县，而吕布的部队又快速赶往曹操家眷居住的鄄城，准备趁这个机会占领鄄城，将曹操的家眷全部抓住。夏侯惇收到消息之后，立即率领自己的部队急匆匆赶往鄄城，准备增强鄄城的守卫力量，但是没有想到的是，他们在半路上就与吕布不期而遇。尽管夏侯惇将吕布的部队打退了，最终保住了鄄城，但是却被吕布趁着这个机会夺得了濮阳，并且缴获了夏侯惇军队的全部辎重。

不仅这样，吕布还使用了一个小计策。他派人去向夏侯惇诈降，而夏侯惇竟然也没有能够看出来。接下来就上演了夏侯惇身为武将一生中颜面扫地的一件事情：他被诈降的人给生擒活捉了。这些人还开始跟夏侯惇讲条件：如果夏侯惇讯速把军中的金银财宝全部交出来，就饶了他的小命，否则，夏侯惇的小命就没有。这个突然出现的意外情况使得夏侯惇军中变得十分混乱，有的士兵看到主帅被擒了，吓得想要溜走；有的干脆就与诈降的人站在了一条阵线上。

万分幸运的是，这个时候夏侯惇的手下韩浩就在夏侯惇军营的外边。如果不是韩浩及时地将军心稳定住，不要说夏侯惇的这支军队的命运如何，就连夏侯惇本人也是生死难以预料了。韩浩来到劫持者面前后，一方面非常严肃地告诫他们即使劫持夏侯惇也无济于事，一方面还哭着告诉夏侯惇自己不能够与劫持者妥协的决心。说完这些之后，韩浩立即主动命令部下向劫持者发起进攻，并且将其全都斩杀了，就这样，一场危机才宣告结束了。这件事情如果按照现在的标准衡量的话，作为军中的主帅，夏侯惇没有能够认清劫持者的真正目的，就轻易地相信对方，贸然行动，这应当负主要责任的。

这件事情结束后没有多长时间，曹操的主力从徐州前线急速转回前来支援，与吕布展开了一场耗时一年多的兖州争夺战。夏侯惇作为镇守大本营的主要将领，当然也会出现在这场争夺战中。不过，他的经历实在是相当悲惨。根据《三国志·夏侯惇传》注引《魏略》记载，在一次遭遇战当中，夏侯惇的左眼被流箭射中，成了一个独眼将军。据说从此之后，军中就有人私下送给了他一个绰号——盲夏侯。夏侯惇听到这个绰号之后，心中非常气愤，但是又没有办法发作出来，只好拿着镜子独自生气，只要一照镜子就会大发雷霆，那些镜子自然也就不会有什么好下场，全部被夏侯惇给摔得稀巴烂。原来伤痕对于军人来说，是一种荣耀，但是，像夏侯惇这样不仅没有打胜仗，而且还将自己的眼睛打瞎了，确实是一件十分丢人的事情，这也难怪夏侯惇会发这么大的火了。

公元198年，当这位"盲夏侯"再一次在徐州战场上亮相，为执行曹操的命令前去解救刘备的时候，却又碰上了吕布部将高顺的进攻。夏侯惇不仅没有能够帮上刘备的忙，而且还被高顺的阵营打败。夏侯惇的援救失败造成了一个非常严重的后果：本来就孤立无援的刘备变得更加不堪一击，在高顺进攻的时候，不但落荒而逃，就连自己的一家老小也落到了吕布的手中，这真的可以说是"赔了夫人又折兵"了。

公元202年冬天，夏侯惇又一次奉命在战场上出现，这一次他作为军中的主将，带领李典、于禁一同前去征讨寄寓在荆州的刘备，双方在博望地区展开了一场非常激烈的战斗，这一回，夏侯惇又出了一次洋相。这个故事被记载在《三国志·李典传》中，故事的大致过程是这样的：

夏侯惇所统帅的军队与刘备的部队交战之后没有多久，刘备就突然自己将营寨烧毁，然后急急忙忙撤退了。这个时候，夏侯惇误以为刘备已经是不堪一击了，准备立刻派兵前去追击。而李典则认为刘备不战而退，必定是设下了圈套等着自己上当，而且追击的道路非常狭窄，草木茂密，非常适合敌军设下埋伏。李典建议夏侯惇不要追击，但是，很显然，夏侯惇并没有将李典话当一回事，他带领于禁等人进行追击，结果真的如李典所预料的那样，他们遭到了刘备的伏击，部队损失相当惨重，如果不是李典拼死前来救援，夏侯惇就会面临着全军覆没的命运了。尽管夏侯惇最后从危险中逃了出来，但是他手下的将领——夏侯兰却被赵云俘虏（这里附带说一句，这个故事也就是后来在小说与戏曲之中非常常见的"火烧博望坡"故事的原始版本了，不过，指挥这一次战斗的并不是文艺作品中所说的诸葛亮，而是刘备本人，这个时候的诸葛亮还在隆中高卧，没有成为刘备的部下呢）。

从上面夏侯惇的作战经验来看，这个人只是一个有勇无谋之人，与张辽、徐晃这些曹魏的将领相比，带兵打仗的能力与水平都是十分一般的。不过，曹操对于夏侯惇的信任却没有因为这些失利而受到一丁点的影响。夏侯惇在曹魏集团的地位也是越来越高，他不仅历任折冲校尉、建武将军、伏波将军等职，而且后来还被曹操委任为前将军这个非常重要的职位，并且掌管着二十六军，负责淮南、合肥以及荆州这一广阔地区的军事指挥。不但这样，曹操还特意赏赐了乐师、歌舞伎作为对夏侯惇的奖赏与鼓舞。

除了曹操对夏侯惇特别的优待之外，就连曹操的儿子曹丕即位之后，在对待夏侯惇的时候也是恩宠有加，曹丕还授予了夏侯惇大将军这个军队最高职务。就连夏侯惇的儿子夏侯楙后来因为犯下罪行面临死罪的时候，长水校尉段默的一句"伏波（夏侯惇）与先帝（曹操）有定天下之功"就劝服了曹丕，由此就可以看出，夏侯惇在曹氏父子心中的地位与影响力了。

夏侯惇这位战功并不是十分显赫的将军，为什么会受到曹氏父子这样的礼遇呢？史学家陈寿的分析可以说是一针见血："夏侯家和曹家世代姻亲并因此贵重于时，辅佐曹操建功立业之时又能尽忠尽力。"这就应了我们民间非常流行的一句俗语：打虎亲兄弟、上阵父子兵。在关键时刻还是自家人可靠！夏侯惇依靠的是什么？说白了最为关键的一条就是人们俗称的裙带关系！

耀眼的闪光点

裙带关系是夏侯惇官运亨通的法宝，除此之外，他还有哪些优点值得曹操与曹丕父子这样赏识他呢？要知道同样是姻亲，曹洪，也就是曹操的堂弟就没有这样的幸运了，不仅曹操在世的时候总是批评曹洪这位曾经救过自己性命的堂弟，而且曹丕更是差一点就要了自己这位堂叔的性命。那么，夏侯惇的身上到底有哪些闪光的地方呢？

根据历史记载来看，曹操对于夏侯惇的提拔与锻炼是坚持不懈的。就在夏侯惇数次在战事中表现不是很好的时候，曹操又给他安排了一些新的工作岗位。在与高顺的对阵过程中惨败而归之后，夏侯惇在战场的出现机会自然也就少了起来。官渡之战的时候，夏侯惇担任的职务转变成了陈留太守（后转任济阴太守），成为了军转民的两用人才，但是，令人万万没有想到的是，夏侯惇在这个岗位上竟然发挥了令人意外的作用。

根据《三国志·夏侯惇传》记载，夏侯惇在担任地方行政官员后，正赶上天下大旱，蝗虫灾害十分严重，眼看着粮食的收成就要遭受巨大损失的时候，夏侯惇命令部下截断太寿河水修建了蓄水陂塘，并且以身作则，亲自搬运泥土，率领郡中军民一同耕种水稻，最后终于解决了缺粮的问题，使得百姓们能够生活安定。夏侯惇也因为这个原因被曹操上调担任河南尹之职。也许是因为夏侯惇在地方管理上所体现出来的能力非常出众，曹操在平定袁绍集团之后，还给予了夏侯惇能够根据实际情况自行处理问题的权力，而且不用受制度与规章的约束。俗话说得好："树挪死人挪活"，从军旅中出来，转而投身到地方，夏侯惇的才能得到了十分充分的体现，这恐怕也是曹操事先从来没有想到的吧。

夏侯惇除了在地方管理上表现出了十分杰出的才能之外，他的个性也成为了曹操非常赏识的一个至关重要的原因。在曹魏集团的武将之中，夏侯惇早年的时候，并不是由于武勇而闻名遐迩的，而是以汉末名士十分流行的侠义而著称的。根据《三国志·夏侯惇传》中的记载，夏侯惇在十四岁的时候就开始跟着老师学习，后来有人对他的老师进行了羞辱，夏侯惇一怒之下居然把那个人给杀了，并且因为这件事情以性格刚烈、有勇气而闻名。而他杀人之后是不是变成了朝廷的通缉犯或是被捕入狱了，在资料中却找不到一丝一毫的记载，这就十分地耐人寻味了。

东汉中后期出现类似情况的记载只有这一个例子。在结果上可以判断说，夏侯惇杀人这件事情并没有为他带来牢狱之灾，而是借此闻名四方。在汉末讲究名气与名声的社会大环境下，夏侯惇也毋庸置疑地成为了一位远近闻名的少年英雄，这一点可与曹操当年厚着脸皮苦求许劭给自己一个评语相对比。夏侯惇虽然常年在军队中摸爬滚打，但是却一直聘请老师教自己学习四书五经等，在后汉的三国将领中更是独一无二。仅凭这一点，夏侯惇就给世人留下了一个好印象。

对于曹操来说，夏侯惇的名誉与名声就是一块招牌。在一些特定的场合中，夏侯惇成为了曹操麾下的一些名士们对曹操进行了解的桥梁。据《三国志·田畴传》中记载，长居幽州的一位隐士——田畴在帮助曹操夺取乌桓之战的胜利之后，获得了曹操高度评价，并且封田畴为亭侯，食邑五百户。可是，曹操前后曾经给田畴四次加官进爵的机会，都被他拒绝了。这让曹操感到很不高兴，认为田畴是为了完成个人的志向而违背朝廷的制度。此时，一些官吏也都举报田畴违背朝廷制度，应该给予相应的惩罚。而且，这件事情在曹氏集团引发了一场很大的风波，曹操命令太子曹丕和大臣们就这件事情公开讨论。而此时，充当曹操与田畴之间沟通与交流桥梁的人就是夏侯惇。曹操命令夏侯惇劝说田畴改变初衷，接受自己授予他的官职。可是，当夏侯惇与田畴交流一番之后，竟然对田畴的内心想法表示由衷的赞同，因此夏侯惇回去之后将田畴内心的真实想法告诉了曹操。可以这样说，就这件事情，夏侯惇所表现出来的是与田畴一样的名士风范，夏侯惇在内心对田畴的想法有所认同，因此才可以将事情的原委讲述给曹操，避免了一场悲剧的发生。通过这件事也充分体现了，曹操对于夏侯惇在名士当中影响力的深刻认识。倘若换做别人，后果可以想见。

个人修养与品质

上面所说的是夏侯惇在军旅以及地方的一些事迹，那么他的个人修养与品质又具备什么样的特点呢？根据史料进行分析，尽管夏侯惇是一代著名的将领，但是同时还有着汉末名士的风采。这在曹魏集团的武将群体当中也是相当罕见的。

在前文人物简评中已经说过，夏侯惇十分节俭，并且总是将自己多余的钱财分散给他人，这在某种程度上与曹操有着一定的相似之处。与夏侯惇形成非常鲜明对比的就是曹操的堂弟——曹洪。他有着万贯的家产，就连曹操本人都十分羡慕，最后却由于太过吝啬差一点就招来杀身之祸。

除了上面的介绍之外，夏侯惇还有一个几乎不被人们知晓的事迹：他的文采也相当不错。不过，这个记载没有出现在史籍中，而是出自清人钟泰、宗能徵所编纂的《光绪亳州志》。该志提到，夏侯惇一生喜好学习，曾经撰写有《弋阳集》一书。不过因为年代太过久远了，这本书早已经失传了。

我们可以想象得到，像夏侯惇这样一位身处高位，但是却一生清廉；虽然战绩一般，但是却管理有方；虽然身为嫡系，但是却对将领不偏不倚，不管是在哪一个朝代都将成为一个非常好的助手与亲信，一代英雄曹操又怎么可能会错过呢？

曹操与夏侯惇间不仅有着相当特殊的亲戚关系，而且还有着因多年创业而形成的完完全全的了解，同时夏侯惇还具备着曹操十分欣赏的个人特质，这些都是曹操对于夏侯惇信任有加、委以重任的至关重要的原因。所以，这些就都注定了夏侯惇成为了曹操嫡系之中的嫡系，成为了曹操每到关键时刻第一时间会想到的大将。对于曹操的赏识，夏侯惇也是相当清楚的，因此在一些比较重大的问题上，夏侯惇也总是与曹操保持了高度的一致，成了曹操的传话筒与代言人。在曹氏（曹操）集团内部对汉室存亡问题的态度上面，夏侯惇也是直言不讳，公开支持曹操废黜汉帝而自立。这个故事出现在《三国志·武帝纪》注引《魏氏春秋》之中。提到这个故事，还有一个非常有趣的插曲。在这里，我们不妨先介绍一下。

根据《魏氏春秋》记载，孙权主动向曹操称臣，并且与曹操联合杀死刘备的大将——关羽之后，曾经给曹操写信，要求曹操立刻称帝。那个时候，曹操集团内部也有很多大臣对于孙权的主张表示赞同，作为曹操嫡系的夏侯惇，自然是不甘人后，极力劝说曹操应当马上称帝。而曹操当时就说出了一句非常著名的话语："若天命在吾，吾为周文王矣。"尽管曹操对夏侯惇等人的请求给予了拒绝，但是对于夏侯惇的公开表态，曹操从内心当中还是相当赞赏的，毕竟这个时候的表态能够清清楚楚地证明夏侯惇对自己的忠心程度。

这个记载本来没有什么问题，也印证了夏侯惇和曹操之间的那种非常亲密的关系。然而，也许是出于贬低曹魏集团的目的，东吴时人所撰写的《曹瞒传》与晋人郭颁的《世语》中却出现了令人感到十分疑惑的记载。两本都说在这个时候很多大臣都赞同曹操立即称帝，只有夏侯惇公开表示反对。而夏侯惇反对曹操称帝的理由也十分蹊跷。他认为如今天下还没有安定下来，应当先将刘备消灭掉，等到孙权降服之后曹操才可以正式称帝。这两本书还说那个时候的曹操听从了夏侯惇的建议，等到曹操没过多久病逝之后，夏侯惇对于自己当时的建议感到非常后悔，没多久也因为疾病而去世了。

自从这个记载出现以后，很多专家学者们都对此表示深深的怀疑。晋人孙盛就认为：夏侯惇就连自己没有被曹操任命为魏国的官员而依旧担任汉官感到耻辱，又怎么会在这个时候对曹操称帝的意见表示反对呢？很显然，《曹瞒传》与《世语》的记载属于不实之作。

大多数的学者认为，虽然因为关羽于荆州战败，才导致刘氏集团失去了两线夹击的良好机会。可是，这个时候刘备依然占领益州与汉中等地，其还是具备一定的军事实力的，因此，想要在短时间内将刘氏集团根除，之后再征服孙权也是一件相当困难的事情。但是，此时的曹操已经65岁高龄。夏侯惇身为曹操的嫡系将领，此时提出如此荒唐的建议，很明显是不可能的事情。至于夏侯惇在曹操去世的同一年也因疾去世，或许这也为《曹瞒传》与《世语》的作者留下了无限想象的空间。

第七章

能攻善守的东吴克星——张辽

名将档案

☆姓名：张辽

☆别名：张文远

☆民族：汉族

☆出生地：雁门马邑（今山西朔州）

☆出生日期：公元 169 年

☆逝世日期：公元 222 年

☆主要成就：阵斩蹋顿，威震江东

☆封爵：晋阳侯、关内侯

☆谥号：刚侯

☆生平简历：

公元 169 年，张辽出生在雁门马邑（今山西朔州）。

公元 197 年，张辽担任鲁国的国相，成为吕布军事集团的重要成员之一。

公元 198 年，张辽奉命大败刘备，但后来曹操在下邳击败吕布，张辽率领部将归降了曹操，被拜为中郎将，赐爵关内侯。

公元 200 年，张辽与关羽击败袁绍大军，解白马之围，被累迁裨将军。

公元 201 年，张辽成功地招降了昌豨。

公元 202 年，张辽从讨袁谭、袁尚于黎阳的时候，因为有功，被提升为中军大将军。

公元 204 年，张辽奉命北巡赵国、常山，招降了缘山一带的贼众及黑山孙轻等。

公元 206 年，张辽平定江夏诸县，率领部众屯兵临颍，封都亭侯。

公元 208 年，张辽屯兵长社，军中突发骚乱，张辽率领亲兵安定军

心，并且很快就抓住叛乱主谋，平定了这场叛乱。

公元 209 年，张辽则力排众议，果断地进攻天柱山，最终成功击败叛军，并且斩杀陈兰、梅成，与此同时还俘虏了他全部的部众。

公元 215 年，张辽镇守合肥，击败孙权大军，被提升为征东将军。

公元 217 年，张辽等人屯兵居巢。

公元 219 年，张辽与曹操会于摩陂。张辽到达的时候，曹操乘车辇慰劳张辽。

公元 220 年，曹丕即位魏王的时候，张辽转封前将军。后来曹丕称帝，张辽封晋阳侯，增邑千户，并前二千六百户。

公元 222 年，张辽在江东因为疾病去世，终年五十四岁，被追谥为刚侯。

人物简评

作为曹魏集团在草创与发展时期的一位非常重要的战将，张辽可以说是立下了汗马功劳的。作为一个没有丝毫显赫的家族背景作为依靠的降将，张辽之所以能够成功，完完全全是依靠个人不懈的努力。也正是由于他果敢刚毅与坚忍不拔的精神，才能够在人才济济的曹魏集团当中脱颖而出，成为一代著名的将领，并且成了东吴孙权的克星。曹操非常欣赏张辽的能力，并且将他放在了与孙权进行对抗战争的第一线。曹丕则称赞张辽是西周名将召虎。

不过，俗话说得好："金无足赤，人无完人。"在张辽这位一代著名将领的身上也有着其性格上的弱点。他的为人性格太过刚直，在非常复杂的环境当中，不善于处理和同僚之间的关系，这对他的发展也带来了一定的负面影响。即使这样，但是作为后汉三国时期的著名将领，张辽在战场上所表现出来的风采却是令人很难忘记的，特别是他在合肥之战中的杰出表现，更是能够尽显其名将的本色，也赢得了人们的无限缅怀。曾经有无名氏作了一首诗来对张辽的一生进行了十分精辟的概括。这首诗是这样写的：

> 千古名将逞奇功，一片丹心存腹中。
>
> 东奔徐州随吕布，下邳城中降曾孟。
>
> 唇枪舌剑破昌豨，白马阵前战先锋。
>
> 金戈铁马扫袁氏，怒斩蹋顿平辽东。
>
> 登山涉险攻天柱，逍遥津上锁玉龙。
>
> 重病出征退吕范，江都城中薨辽梦。

生平故事

初遇并投降曹操

张辽的先祖是西汉"马邑之谋"的发动者——聂壹，他的家族在西汉时期已经久负盛名。但是，这个家族到了张辽这一代就已经彻底没落了，张辽自己也因为躲避灾祸而改姓为张。

早年时期，张辽的运气还是很好的。他的家乡所属的并州地区自从东汉中期以来就曾经数次遭受外族的入侵，形势非常混乱，东汉朝廷也曾经先后派遣董卓、丁原等将领前往并州地区与之进行作战，这也给张辽这个外人看起来的问题少年的成长提供了一个非常特殊的舞台。

根据《三国志·张辽传》记载，张辽在年轻的时候就因为武勇在当地名声斐然，而且还因为这个原因成为了郡中的一名小吏，后来又被当时担任并州刺史的丁原看中，被委任为州从事之职。根据时间进行判断，这个时候的张辽年纪还不满20岁，可以说是年轻有为。

东汉末年，宦官当政专权。为了给气焰嚣张的宦官一个严厉的打击，大将军何进接受了袁绍的建议邀请多路诸侯前往京都，张辽也奉丁原的命令来到了京城洛阳。没过多久，何进派遣张辽前往河北招募兵将。

但是令人意想不到的是，等到张辽回京之后已经是风云突变了。公元189年，宦官们为了免于打击，抢先发难，将大将军何进杀死了，袁绍、袁术等人又趁着这个机会诛杀了数千名宦官，京城内外变得一片混乱。这个时候，奉命进京的凉州军阀——董卓趁着这个机会，将朝政揽到了自己的手中。为了更好地控制洛阳的局势，董卓还诱使丁原的亲信吕布杀死了丁原，丁原所率领的并州部众则跟着吕布一同投奔了董卓。刚刚回到洛阳的张辽没有别的选择，只能投入了吕布的麾下，并且被董卓任命为骑都尉。

董卓篡权夺位，招致士大夫和各地诸侯的不满，从公元190年开始，关东诸侯组成联军对董卓进行声讨，战争一触即发。在战斗的过程中，虽然董卓的军队取得了一定的胜利，但是也充分暴露了其内部激烈的矛盾和冲突。董卓的嫡系将领——吕布的并州军队与凉州军队之间发生了激烈的冲突，造成了严重的裂痕。

虽然关东联军在战争中没有取得任何效果，可是从长远考虑，董卓还是决定迁都长安，避开关东联军的锋芒。可是，当迁都长安之后，吕布与董卓之间的矛盾变得越来越尖锐，最终双方的关系破裂。早就对董卓暴政不满的司徒王允就利用吕布与董卓之间的矛盾冲突，劝说吕布反叛。

公元192年，吕布与王允共同密谋杀死了董卓，至此，统治朝政长达三年的董卓集团覆灭了。可是，因为吕布、王允等人在处理董卓残余势力的问题上出现了极大的失误，导致李傕、郭汜等率领的凉州旧部发生剧烈反抗。李傕、郭汜等人率领十多万精兵良将向长安进发并发起猛烈攻击，长安城再一次落入凉州势力的手中，司徒王允被杀死，张辽、吕布等人不得不趁乱逃出长安城，辗转于中原地区。

几经反转之后，吕布终于在公元196年将刘备丢下，独自占领了徐州等地。第二年，一直跟随吕布的张辽被任命为鲁国的国相，成为吕布军事集团中一位十分重要的人才。此时的张辽才二十八岁。

公元198年，张辽曾经与吕布手下的一员猛将高顺共同向刘备发起猛攻，且大获全胜，让徐州的局势暂时稳定下来。可是，曹操也相中了徐州这块风水宝地，想要从中插一脚，于是，曹军向吕布集团发动猛烈攻击，而且取得了决定性的胜利，吕布集团因为抵挡不住曹军的猛烈攻势而迅速瓦解。

同年年底，吕布在徐州下邳被曹操的部下俘获，吕布的部下陈宫、高顺等人也被斩杀了，而张辽率领吕布的手下投降曹操，被曹操拜为中郎将，赐爵关内侯，此后，张辽成为了曹氏集团的一员悍将。

张辽与汉朝末年的很多战将相比，算是比较幸运的，他不但没有在中原地区诸侯混战的情况下战死沙场，反而因为临阵投降得到了曹操的赏识，让其可以继续在沙场上驰骋。

收服昌豨　平定叛乱

张辽在投入曹操的军营之后，他的军事才能够迅速地发挥了出来。公元200年，官渡之战拉开了序幕。在战争刚刚开始的时候，张辽奉曹操的命令与另外一名将领——关羽一同担任大军先锋，解救被袁绍大军围困的东郡太守刘延，并且在白马地区和袁绍大将颜良展开了一场激烈的战斗，不仅将围困白马的袁绍大军击败了，而且还协助关羽将袁军大将颜良斩杀了。张辽因为数次立下很大的战功，没多久就被曹操提拔为神将军。在官渡之战的末期，张辽奉曹操的命令镇守鲁国诸县。

官渡之战结束后，张辽与夏侯渊一同平定由徐州豪强昌豨等人发动的鲁国所属各县的叛乱。在东海一役当中，曹操大军进攻好几月都没有能够取得成功，粮草已经吃完了，夏侯渊有了撤军的想法。而张辽却坚持认为，这个时候，昌豨已经筋疲力尽了，防守的力度也正在不断地减弱，并且有了投降的意思，应当派人与他进行谈判，争取尽快将这场战事结束。

在张辽的坚持之下，夏侯渊派出使者与昌豨进行谈判，并且成功地诱使昌豨出城与张辽相见。两个人见面之后，张辽动之以情、晓之以理，随后又孤身犯险，单枪匹马到三公山上昌豨的巢穴去，并且拜见了他的一家老小。张辽的冷静与沉着最终深深地感动了昌豨，之后他跟着张辽一同拜会曹操表示归降，张辽这个举动让曹操感到十分惊讶。事情发生之后，曹操还责怪张辽不应当去见昌豨，张辽则表示在临行之前自己已经断定昌豨必定会举手投降，因此才敢于独自冒险。

在之后所进行的统一中国北方的一系列战争当中，张辽也发挥了非常积极的作用。他先是在黎阳将袁谭、袁尚打败，之后与乐进一同攻陷阴安，把城中的百姓全部迁到了黄河以南。没有过多久，张辽又在赵国、常山等地区成功招降了几支农民起义军以及黑山军孙轻部。

紧接着张辽又率领军队进入海滨地区，将柳毅及其部队打败，完成了曹操交代给他的任务。后来，张辽还跟着曹操一同远征柳城，不仅将匈奴军队打败，而且还将匈奴单于蹋顿斩杀了。

对于张辽如此杰出的战绩，曹操十分赞赏。张辽回到邺县的时候，曹操亲自从城中出来迎接，载着张辽一同进入城中，并且晋升张辽担任荡寇将军，之后又被封都亭侯。不但这样，曹操还在给汉献帝的奏章中夸赞张辽"武力既弘，计略周备，质忠性一，守执节义，每临战攻，常为督率，奋强突固，无坚不陷，自援桴鼓，手不知倦。又遣别征，统御师旅，抚众则和，奉令无犯，当敌制决，靡有遗失。论功纪用，宜各显宠"。

公元208年，张辽在长社屯兵驻守。那个时候，军中忽然发生了骚动，半夜军营着火了。张辽并没有因为这样就十分慌乱，他非常镇定地告诉身边的部属不要惊慌，并且传令军队保持镇定，自己则亲自率领数十个亲兵稳定军心。

没有多久，叛乱的主谋就被抓了起来，动乱也就被平定了。随后，张辽又跟着曹操参与了同年七月开始的讨伐荆州刘表的战役以及随后爆发的赤壁之战。不过因为曹操在赤壁之战中的意外失败，曹氏（曹操）集团不得不退出荆州大部分地区，曹操迅速实现全国统一的梦想也彻底破灭了。张辽作为这场战争的亲身经历之人，不但对于东吴军队的作战特点有了一定的了解，而且也对东吴军队的勇敢剽悍深有体会，这也为他以后有效地与东吴军队进行对抗提供了非常宝贵的经验。

赤壁之战之后，淮南地区的形势变得更加复杂了。就在曹操的大军撤退没有多久，庐江郡雷绪、陈兰、梅成等人相继举兵反叛，并且占领氏县、六安县等县，使得淮南地区的局势出现了一片混乱。

为了使局势尽早地得以稳定，曹操在公元209年，派遣行领军夏侯渊对雷绪进行征讨，张辽率领张郃、牛盖等人对陈兰进行征讨，于禁、臧霸对梅成进行征讨。战事开始之后，夏侯渊进展得相当顺利，没用多长时间就将雷绪打败了。而于禁则没有能够识破梅成的诈降，一看形势稳定就率领部队撤走了，使得梅成能够领兵与陈兰合并一处转入灊山继续作乱。

在灊山之中有座天柱山，山十分高，路非常险，属于易守难攻的地形，陈兰等人就在天柱山的山路上修筑壁垒坚守。一部分将领认为，参战的军队数量不是很多，而且敌人又占据着十分有利的地形，想要深入，那是非常难的。而张辽则力排众议，非常果断地进兵在天柱山下扎营，对天柱山发动猛烈的进攻，最终成功将叛军打败，并且斩杀陈兰、梅成，与此同时还俘虏了他全部的部众。

这场战争胜利之后，庐江郡的叛乱基本上算是平息了，曹操也能够安心准备对东吴集团发起进攻了。所以，曹操听到胜利的消息之后，对于张辽的英勇果敢大为欣赏，并且公开表示：这一次能够不畏艰险登上天柱山并且将陈兰、梅成等人消灭，这全部都是张辽的功劳啊！

逍遥津之战扬美名

张辽的军事生涯中最辉煌的时候是在建安二十年（公元 215 年）。那个时候，曹操的主力大军在汉中地区与张鲁的军队进行决战。张辽奉命在淮南重镇合肥镇守。

曹操为张辽只留下了七千左右的兵马，主要将领也仅仅有张辽、李典、乐进以及薛悌。除此之外，曹操只留下了一封信函，信函的封面上写着四个大字："贼至乃发"。

没过多久，孙权率领十万大军对合肥进行围攻。护军薛悌和张辽一同将这封信函拆开，上面只有非常简单的几个字："如果孙权来到，张辽、李典两位将军出战，乐将军驻守城内，不得参战。"诸位将领对此都感到十分迷惑。

这个时候，张辽说道："主公远征在外，倘若消极地进行防守以便等待援兵的到来，那么其结果必定是人亡地失。因此，主公的意思就是让我们趁着敌军立足还不稳就主动地出击，打他一个措手不及。这样才能够打击敌人的锐气，使得我军的军心得以安定。成败的关键，就在于这一战了，诸位将领为什么要感到疑惑呢？"

在张辽的极力鼓舞之下，合肥众位将领的情绪终于稳定了下来。为了尽早实现挫伤敌军锐气的目标，张辽当天晚上就组织了一支八百多人的敢死队。

开战的时候，张辽高喊着自己的名字，身先士卒冲入敌人的阵营中，杀敌数十人，并且将两员吴军将领斩杀。张辽的勇敢行动给了人数占绝对劣势的魏军很大的激励，他们在张辽的带领之下，奋勇向前，居然突破了吴军的多重围困，直接杀到了孙权的帅旗下面。

孙权看到张辽军队这样的气势，非常吃惊，并且心中也十分害怕，不得不退到附近的山丘上面手挥长戟以便保全自己，他的手下们也都是手足无措。当孙权发现张辽兵力非常少，并且命令吴军进行围困的时候，张辽已经从吴军的包围圈中冲了出来。

这时，有一小队魏军还没有从吴军的包围圈中冲出来。他们大喊着："难道张将军将我们抛下不管了吗？"这个时候的张辽大发神威，再一次冲进包围圈，带领这些将士成功地突围了出来。这一仗下来，吴军的士气大跌，甚至是全部耗尽了，一连十多天的进攻都没有能够将合肥攻下来，再加上吴军当中疾病肆虐横行，最终，孙权在万般无奈的情况下，只能下令退军。

在吴军撤退的时候，张辽再一次抓住这个非常难得的战机，率领部队对吴军进行追击。那个时候，孙权的大军主力已经向后撤退了，孙权自己则与部分士兵一同依旧留在逍遥津一带。张辽看到孙权的兵力非常薄弱，就快速地组织士兵对孙权进行围攻。在这场围歼战当中，孙权的损失是相当严重的，大将凌统受伤了，吕蒙与甘宁也陷入了苦战。孙权被迫落荒而逃，侥幸保全了自己的性命。这样战争结束之后，张辽的威名在江东地区快速传扬。

曹操知道张辽以寡敌众并且大获全胜之后，对于张辽的神勇十分佩服，晋升张辽为征东将军。合肥之战结束之后的第二年，曹操亲自率领大军征讨孙权。当他来到合肥的时候，还亲自考察了那个时候的战场，感触颇多，又再一次增加了张辽的兵力。

后来，曹操又任命张辽担任前将军，赐予他千匹帛，万斛谷，还把张辽的哥哥与儿子都封为列侯。

很多年之后，曹丕对于这场令人难以想象的逍遥津之战依旧是念念不忘。他下诏写道："合肥一战，李典和张辽两位将军用八百步卒勇破敌人十万大军，从古至今，即使是用兵如神者也不会有这样的奇迹出现，直到如今东吴依旧闻风丧胆。张辽，真乃魏国的栋梁，兵家神者！"为了更好地缅怀张辽的功绩，曹丕还专门把他的儿子张统封为关内侯。

战场外的张辽

张辽在战场上可以说是威风八面、智勇双全，但是，在战场之外，张辽又是一个什么样的人呢？关于这一点，西晋史学家陈寿在他的《三国志·张辽传》以及其他传记中都多多少少地提到过。

在张辽早期的生涯当中，他不仅曾经与关羽一同成为官渡之战中曹操军队的先锋，还为了白马之战的胜利而出生入死。在当年吕布走投无路而投奔刘备的时候，他就已经与关羽认识了，后来还先后成为了曹操手下的将领。所以，他们两个人很快也就成为了一对非常要好的朋友，私交甚笃。

曹操对于关羽十分的欣赏，特别想要对关羽的真实想法有所了解，就让张辽前去进行试探。而张辽在知道关羽依旧准备离开曹操而重回刘备身边的时候，心中相当矛盾。他担心倘若把关羽的真实想法直接告诉了曹操，曹操说不准就会要了自己这位好朋友的性命，但是，同时张辽又感觉倘若不告诉曹操，又与自己处事的原则不相符。

张辽思前想后，无奈地感叹道："曹操，犹如我的再生父母一般；关羽，犹如我的同胞兄弟。"最终，张辽还是选择了据实禀报。从这个故事当中，张辽与关羽之间的这样非常深厚的感情就可以略见一斑。

不过，根据历史的记载，张辽除了和关羽关系比较好之外，张辽和其他的曹魏文武官员之间的关系都并不是非常的融洽。前文曾经提到过，镇守合肥的乐进、李典与张辽之间关系就一直不和睦。作为曹操集团草创时期的宿将，李典与乐进都比张辽的资格要老很多，而且他们都是有着赫赫战功的著名将领。在吕布与曹操之间展开的兖州之战的过程中，李典的伯父李乾曾经被吕布所杀。这个时候的张辽还是吕布手下的主要将领之一，他也自然而然地就成为了杀死李乾的帮凶了，双方关系不和睦也是符合情理的事情。好在李典在关键时刻以整体利益为重，与张辽一同出兵进攻立足尚且没有稳定的孙权。否则，合肥之战的胜负就难以预料了，最终谁胜谁负也不得而知了。由于关系的不和睦而差一点造成合肥之战这场重大战役的失败，单纯地从这一点来看，张辽在处理人际关系方面的能力还是令人怀疑的。

同样的例子还出现在张辽与他的顶头上司武周的身上。那个时候，张辽曾经与武周因为一点小事而产生了不愉快的嫌隙，张辽就越级推荐胡质替代武周，不过，幸运的是，胡质并没有被张辽的推荐所迷惑，主动以自己有病作为借口推辞了。为此，胡质还特意指出："武周是一个有德有才之人，过去张辽对武周赞不绝口，后来由于一点儿小事就产生了这样巨大的矛盾。我本人自认为才能比较低下，很难保证能够与张辽长期和谐相处。"张辽听到这番话之后深有感触，于是，很快就与武周和好如初。胡质的这番言论，实际上是在暗示在对待武周的问题上，张辽是负有非常大责任的。

除了与李典、武周这样的武职将领之间发生在不愉快和冲突之外，张辽与一些地方官员的关系也不太好，为了这个，当时担任扬州刺史的温恢还专门提醒裴潜。

这个故事发生于公元219年。那时曹操命令兖州刺史的裴潜与豫州刺史吕贡返回许都商量关于关羽进攻襄樊的应对方法，而裴潜因为有事耽误并没有马上出发。温恢提议提醒裴潜，让他火速前往，以免到时候张辽又在曹操面前诋毁他，而使他受到曹操的处罚。由此我们也可以看出，不管是扬州刺史温恢，还是兖州刺史裴潜和张辽之间的关系都并不是十分友善的。

从上面的几个例子可以看出，与战场之上的表现相比，张辽在官场之上的表现就显得要逊色得多了。他的交际能力与沟通能力是相当不足的。

曹操非常了解张辽的个性，所以在温恢担任扬州刺史的时候，曹操还亲自出面告诉张辽："温恢精通军务，以后不管遇到什么事情都应当与温恢商量之后再进行实施。"从这一点上也能够看出张辽的性格确实是存在缺陷的。

在江东病逝

曹操因为疾病去世之后，没过多长时间，曹丕就篡汉自立为帝了。对于张辽这位战功卓绝的将领，曹丕是相当器重的。曹丕不但当面称赞张辽就像古代的著名将领召虎一样勇猛，而且同时还加封张辽为都乡侯。曹丕还特意赏赐给张辽的母亲一辆舆车，并且安排张辽的家人前往张辽的驻地进行探望。

曹丕命令当张辽的母亲来到军营的时候，安排专门的人员为张辽的母亲进行开道引路，张辽的部属都应当在道路的两旁跪拜迎接。后来，曹丕还派专门的人员为张辽以及张辽的母亲盖起了一座新府第进行表彰。在张辽因为疾病而卧床不起期间，曹丕还先派遣侍中刘晔带着太医前去探望，之后自己又亲自前去探视。

再说孙权，对曹魏这一位著名的将领，孙权也是十分畏惧。公元222年，曹操命张辽与曹休一起在海陵屯军驻兵，孙权得知张辽前来的时候，告诫自己的将士们："虽然张辽现在的身体状态不好，可是我们不可轻敌，如今的他依旧锐不可当。大家需要注意再注意。"当然，也就是在这一年爆发了魏吴之战中最激烈的战役，东吴的将领吕范还是没能记住孙权的警告，在与张辽对阵的过程中，被张辽的部队斩杀四万，丢失战船一万多艘，灰溜溜地回来了。可是，因为长期奔波指挥作战，张辽的病情加重，于江都卧床不起，终年五十四岁。曹丕得知张辽的死讯，悲痛不已，追谥张辽为刚侯。

第八章

矫健勇猛的曹魏『军师』——张郃

名将档案

☆姓名：张郃

☆别名：儁乂

☆民族：汉族

☆出生地：冀州河间鄚县（今河北任丘北）

☆出生日期：不详

☆逝世日期：公元 231 年

☆主要成就：江陵破吴，街亭败蜀

☆封爵：鄚侯

☆生平简历：

公元 200 年，张郃在官渡之战中归降曹操，并且为曹操出谋划策，为其取得这场战斗的胜利作出了极大的贡献。

公元 215 年，曹操征讨张鲁，派张郃统帅大军征讨梁兴和氐族首领窦茂所部。后来，张鲁投降，张郃与夏侯渊、徐晃等镇守汉中。

公元 218 年，张郃屯兵广石，刘备亲自率领万余名精兵猛攻张郃所部，最终被张郃击退。

公元 220 年，曹丕即魏王位后，任命张郃为左将军，进封都乡侯爵位。之后，曹丕登基之后，又进封他为鄚侯。

公元 228 年，张郃总督各路军马，在街亭打败诸葛亮的部将马谡，取得了街亭大捷。

公元 229 年，诸葛亮率军猛攻陈仓，张郃断定诸葛亮会在张郃到达陈仓前撤兵，结果，张郃到达南郑，诸葛亮果然撤退了。曹叡诏令张郃回师京城，任命他为征西车骑将军。

公元 231 年，张郃在木门谷之战中意外身亡。

人物简评

在三国历史发展的进程当中，张郃这个人物起到了非常关键的作用。他的归降不但造成官渡之战的提前结束，而且加快了曹操统一中国北方地区的速度。他的防御能力曾经让刘备与诸葛亮都相当忌惮；他不但使诸葛亮的"一出祁山"失败而归，而且还让孙权在对垒的过程中吃尽苦头。西晋史学家陈寿对于张郃的评价是："郃识变数，善处营阵，料战势地形，无不如计，自诸葛亮皆惮之。"这个评价是十分中肯的。

不过，有一点非常奇怪，即张郃是曹魏政权的三朝元老，不仅位高权重，而且还手握重兵，按照常理来说，已经处于晚年的他根本不用亲自上阵，但是，张郃就是在晚年的一场非常平淡无奇的追击战斗中，十分意外地丢掉了自己的性命，所以这也使得后世的研究者对于他的死产生了很大的疑惑。

生平故事

官渡归降曹操

关于张郃的早年情况不详，只是知道张郃从军的时间大致是在东汉末年黄巾起义那段时间。那个时候，正好是黄巾起义席卷中原大地、各州郡积极组织地方武装对付黄巾军的时候。

根据《三国志·张郃传》记载，张郃就在这段时期应征进入了朝廷的军队，后来还担任了军司马之职，从属于冀州牧韩馥。

按照其他相关资料的记载，韩馥就任冀州牧的时间是在公元189年。

这也就意味着从汉末黄巾起义开始，直到从属韩馥为止，张郃已经从军有四五年的时间了，而且还担任了军司马这样的一个秩比千石的中级军官职务，这至少可以很好地证明张郃在之前的对付黄巾起义的战斗过程中已经具备了非常丰富的作战经验。

但是，张郃的英勇并没有能够确保冀州不会换主人。在汉末极其复杂的政治局势之下，冀州牧韩馥没有一丝一毫的进取之心，他为人懦弱，在袁绍的逼迫之下，乖乖地将冀州这块"天下重资"的地区拱手送给了袁绍。而张郃也不得不跟着韩馥一同依附了袁绍。

很显然，袁绍对于张郃的了解比韩馥要多得多，袁绍不但任命张郃担任校尉之职，而且还让他去对付那个时候中国北方地区实力最强大的公孙瓒集团。

这个时间大致是在公元192年~199年之间，虽然时间的跨度相对有点长，但是在史料当中却没有出现一丝一毫关于张郃战绩的记载，只是在《三国志·张郃传》中含含糊糊地提到：张郃在与公孙瓒交锋当中劳苦功高，被袁绍提拔为宁国中郎将之职。

不过，随着袁绍在中原地区实力不断地壮大，他手下两大势力——河北集团和颍川集团的矛盾也变得越来越激烈了，双方为了争权夺势开始了明争暗斗。这种矛盾也在后来的官渡之战中彻彻底底地暴露出来。而作为河北集团的张郃尽管有着卓绝的战功，但是因为这种矛盾不断地加深，也长时间地处在争斗的漩涡之中，并且并没有为袁绍所完完全全地信任。

公元200年，袁绍与曹操在官渡地区展开一场战略决战。对于曹氏（曹操）集团的真正实力，张郃有着非常清醒的认识，他认为单纯地从正面向曹军发动猛烈的进攻并不能够取得胜利，张郃建议袁绍秘密地派遣一支精锐的骑兵部队去将曹操的后路截断，只有这样才能够保障战争的最后胜利，然而，无比狂妄的袁绍认为曹操的部队应该是不堪一击，对于张郃的建议置若罔闻，根本就不予接受，而是将全部的兵力集结在官渡地区与曹操展开了一场决战。

官渡之战的结果却证明了张郃的预见性：单纯地从双方的军事实力而言，袁绍集团拥有十万精兵，优势非常明显，倘若分兵几路从几个不同的战略方向上进行分进合击，就能够使曹操本来就处在劣势的兵力更加捉襟见肘，很难应付。而袁绍就是由于放弃了这种有利的条件，将自己的十万大军局限在官渡这个单一的战略方向上，在曹操早已经准备好的防御工事面前展开了一场阵地战，我们不得不说这是袁绍在官渡之战所犯下的最为致命的战略失误。

在官渡之战的对阵过程中，曹操最后通过许攸的投降找到了袁绍大军的弱点，亲自派兵对袁军的主要粮食存放基地乌巢进行偷袭。本来在曹操的计划中，这一次所采取的计划属于一次秘密行动，准备攻其不备。

令人没有想到的是，这个消息最后还是被袁绍知道了。张郃认为曹操派出的是他们军队中的精锐，而乌巢守将淳于琼疏于防范，毫无疑问，一定会失败。于是，张郃建议袁绍应当马上派遣兵马对乌巢进行增援。而谋士郭图则建议袁绍趁着曹操对乌巢进行偷袭的机会，立刻向曹军在官渡大本营发起猛烈的进攻。

最后，袁绍接受了郭图的意见，只是派出了小股部队去增援乌巢，命令张郃与高览等人率领精良的兵士对曹军大本营发起猛烈的进攻。因为曹操在此之前早已经做好了十分周密的部署，不仅进攻丝毫没有达到预期的效果，而且派出援救乌巢的军队也没有能够抵挡住曹操五千精兵的猛烈进攻，摆放在乌巢地区的粮草被曹操全部烧毁了，导致袁绍大军上下一时间变得非常恐慌。

依据那个时候袁绍与曹操双方之间的势力对比，即便乌巢的粮草被烧，袁绍大军也不至于马上土崩瓦解。但是偏偏就在这个时候，谋士郭图向袁绍进言，认为张郃、高览这两个人在进攻的时候没有倾尽全力，而且在进攻失败之后对袁绍的部署出言不逊。还没等袁绍作出反应，张郃与高览这两个人就已经感到相当恐慌，害怕袁绍会对自己做出什么不利的行动，于是，他们率领手下的部众投降了曹操。

曹操听到这个消息之后非常高兴，马上召见了张郃等人，把张郃的投降比喻成微子离纣、韩信归汉，并且马上授予张郃偏将军的职位、封都亭侯，同时下令全军马上向袁绍大军发动总攻。本来占有绝对优势的袁绍十万大军就这样迅速被曹操的大军打得落花流水，就这样，官渡之战最终的结局是，曹操的大军以胜利而告终了。

张郃的投降究竟对于官渡之战的胜利有着怎样决定性的意义呢？

这一点在历史的记载中并不是十分清楚。著名学者方诗铭先生苦心研究，在《三国人物散论》中将这一问题做了一个相对明确的解释。

方诗铭先生说："分析这次战争的很多专家，往往忽略了一个问题，就是袁绍内部两个集团的火并与矛盾。张郃的投降与许攸的叛变，就是战争的关键所在，而这也是造成袁绍失败的最主要的原因之一。许攸与袁绍的关系十分密切，最后跟随袁绍来到河北。南阳、颍州两郡相邻，地处现在的河南，因此，南阳的许攸与颍州的辛评、郭图、荀谌等人，当然同属于一个集团……在袁绍与曹操在官渡之战中长期相持不下，百姓疲乏的时候，纷纷背叛袁绍，后援补给不足，粮草短缺，在此关键时刻，许攸背叛袁绍投降曹操，这对于曹操取得官渡之战的胜利具有决定性的意义。……当然，张郃的投降也是这样。为什么这样说呢？原因就在于，袁绍之所以兵败官渡，是因为张郃投降曹操，其动机源于他与郭图之间的矛盾。张郃为河间鄚县人，河间属于冀州地区，在颍川集团的郭图看来，他是敌对集团中的重要一员。因此郭图积极打压张郃，让两个人的矛盾不断升级。其实，早在这件事情之前，郭图针对河北集团的沮授也发生过类似的情况，甚至借此夺取了沮授的军队……河北集团的审配打击颍川集团的许攸，颍川集团的郭图打击河北集团的张郃，在千钧一发的时刻，许攸与张郃都投降曹操，最终导致袁绍在官渡之战中失败。当然，关于袁绍为何兵败官渡有诸多方面的原因，但是这个因素依旧不能忽视。"

经过方诗铭先生的详细解释，我们也终于明白为什么曹操在知道张郃、高览前来投降的时候会显得这样的兴奋了：张郃的投降不仅大大地削弱了袁绍在官渡前线的军事实力，最重要的是激化了袁绍内部颍川与河北两大集团之间的矛盾，使得袁绍集团内部开始离心离德，已经没有办法上下全心对付曹操发起的进攻了。在这样的情况下，袁绍又怎么可能将曹操所发动的猛烈攻势抵挡得住呢？

官渡之战结束之后，张郃奉曹操之命参与了平定河北战事中渤海与邺城的战役，之后他还与张辽合作征讨北征乌桓、扫荡袁氏残余势力。因为张郃的战功卓著，被提升为平狄将军，之后张郃分别在天柱山与东莱两地征讨陈兰、梅成等各支叛军武装力量，此时，张郃已经成为了曹军武将群体中一个能力十分突出的将领。

汉中之战

如果从张郃的隶属情况来分析，张郃在归降曹操之后，有十分长的一段时间是跟着曹操的嫡系将领——夏侯渊一同参加战斗的，所以，他也跟随夏侯渊前后参与了平定凉州马超、韩遂割据势力的潼关会战，并且在之后又进行了好几年的凉州剿匪之战。

直到公元215年，张郃方才作为大军的先锋独立指挥部队对盘踞在汉中的军阀张鲁发起进攻，但是之后他又被曹操划到了夏侯渊所部，一同在汉中进行驻守，抵挡刘备从益州方向所发动的进攻。

同一年，在黄权的建议之下，刘备派遣张飞与黄权对三巴地区发动猛烈的进攻，并且打败了夷帅朴胡。曹操到这个时候已经意识到三巴地区对于固守汉中到底有多么重要，于是派出张郃率领部众进入三巴地区，准备把该地区的百姓一倡迁往汉中。

当张郃到达宕渠的时候，刘备所派出的大将张飞前来迎战。在不熟悉地形、军队没有办法顺利展开的情况下，张郃所部与张飞所部在激战五十多天之后最终被张飞所部击败，在被迫无奈的情况下退守南郑地区。

这一次的较量不仅让曹操意识到刘备对于汉中地区的非常巨大的威胁，而且同时也坚定了曹操固守汉中的决心。曹操下令由夏侯渊担任代理都护将军在汉中镇守，张郃也奉命留在汉中竭力辅助夏侯渊。对于张郃在宕渠地区面对地形非常不利的情况下，却能够与张飞激烈地对阵五十多天的表现，曹操是十分赞赏的，并且提升张郃担任荡寇将军。

从公元215年开始一直持续到公元219年的汉中防御战，最终以曹操的失败而告终。身为汉中镇守的主要将领之一，张郃的事迹并不是很多，但是就在汉中地区曹军的统帅夏侯渊被斩杀之后，刘备却不禁发出这样的感叹："只是杀死了一个夏侯渊不能改变什么，因为还有一个张郃。"从这里不难看出，在刘备的心目中，张郃才是对自己最具有威胁性的人。

刘备之所以会有这样的感慨，还要从公元218年发生的广石之战开始说起。那时，刘备亲率部众向汉中发动猛攻，张郃在广石屯兵驻守。有一天，刘备亲自率领一万多精兵，兵分十路向张郃的军队发出猛烈攻击。面对如此强劲有力的对手，张郃表现得极其淡定从容，以最快的速度建立起防御力量，而且亲自率领亲兵上阵杀敌。在张郃的带领下，曹军将士以一当十，奋勇抗战，成功逼退了刘备的一万精兵。自此，刘备对于张郃杰出的军事才能钦佩不已，自认为，即便是曹军的主帅夏侯渊也不具备这样的军事才能。

没过久，夏侯渊就在定军山战役中被敌人斩杀。主帅被杀，三军军心极其不稳，在如此不利的情况下，曹军将领极力拥护张郃担任汉中曹军主帅，而张郃也并没有辜负大家的期望，迅速组织防御力量，排兵布阵，亲自巡视部队，这才让军心得以安稳，最终扭转了曹军在汉中地区的不利局面，为曹操亲自从长安赶往汉中进行支援赢得了宝贵时间。

通过一段不算短的拉锯战，曹操认定汉中地区已经成为了"鸡肋"，完全失去了再继续固守的价值，于是下令全军撤退，放弃了汉中地区，把防线后移到了关中陈仓一线。而张郃则被曹操任命为这个地区的最高军事长官，负责关中以及凉州地区的防御。这个任命对于向来只安排自己的亲属作为战区最高军事长官的曹操而言，可以说是绝无仅有的。这也充分地说明了张郃在曹操心目中的能力以及所占据的地位。

除了在魏文帝曹丕时期曾十分短暂地参加过荆州战事外，张郃的主要战场就定位在关中、凉州地区，他的职务也从荡寇将军被提升为左将军、加封都亭侯，后来又被进封为鄚侯。张郃的主要任务除了使曹魏西北部州郡得以安定之外，主要就是防御蜀汉对于凉州以及关中地区的威胁。而张郃的主要对手，就是被后人尊称为"智圣"的蜀汉丞相——诸葛亮。

狠狠打击蜀军

在诸葛亮针对刘备所提出的统一全国的战略构想——"隆中对"当中，诸葛亮提出的统一策略是从荆州与汉中地区兵分两路向中原发动进攻的，但是因为关羽在荆州意外地覆灭，这一战略构想在被迫无奈的情况下宣告破产了。

在随后进行的夷陵之战中，刘备再一次以失败告终，这次战役不仅让他元气大伤，而且一直没能再将荆州夺回来。面对如此不利的局面，诸葛亮经过多年不懈的努力，终于平定了南中地区的反动组织，实现了蜀汉内部政局的稳定，而且积极发展生产让国家的综合实力得到很大的提升，最终目的是为了在蜀汉元气恢复之后再度北伐，实现全国统一的愿望。因为荆州已经在孙权的管辖下，诸葛亮才不得不将关中地区和凉州视为实现全国统一的唯一目标和方向。

公元 228 年，诸葛亮终于从汉中出发，向曹魏发动猛烈攻击，后人将这一战俗称为"一出祁山"。

在这里需要指出的是，这次诸葛亮北伐的对手并非《三国演义》中讲述的司马懿，因为此时的司马懿还驻守在荆州，并没有来到前线与诸葛亮对决，诸葛亮的主要对手是曹军大元帅曹真和张郃。因为在北上之前，诸葛亮就命赵云、邓芝率领一小支部队作为疑兵攻占斜谷南侧的箕谷，目的就是引诱曹真率领的主力大军东移，因此，张郃就变成了诸葛亮唯一的敌手，也是最强劲的敌手。

在诸葛亮发动这一次北伐的初期阶段，曹魏可以说是猝不及防，连连失利。天水、安定以及南安地区相继落到了诸葛亮的手中，整个曹魏政权为此感到非常震惊。为了对付诸葛亮的强烈进攻，魏明帝曹睿亲自在长安坐镇，并且立刻加封张郃为特进，命令他统率大军前去迎战。在这一战当中，张郃出色的军事才能得到了非常完美的体现，这也就是历史上相当有名的街亭之战。

当张郃受命对诸葛亮大军进行迎击的时候，诸葛亮不仅已经攻陷了天水、安定、南安三郡，而且还正在向广魏、陇西地区快速地发展，准备利用曹魏援军还没有赶到的机会，快速地将关陇通道切断，以便将整个陇右占领。而要达到这个战略目标，就一定要守住由关中地区进入陇右的咽喉要地街亭。

诸葛亮派遣以参军马谡为首，王平、高翔、李盛等人为辅的数万大军，其中自然也包括蜀汉军队的精锐——无当飞军，在街亭地区进行镇守。马谡来到街亭之后，命令高翔屯兵列柳城、王平在山下扎营，自己则统率大军主力在街亭附近的南山之上驻守，打算以逸待劳，对于张郃的援军进行迎击。

张郃率领部众来到街亭之后，马上发现了马谡在战争之前所进行的兵力部署存在了一个非常大漏洞，并且马上采取了强有力的应对措施：对驻守南山的马谡军队主力进行包围但是并不进攻，切断他们的水源，导致他们的主力不战自乱。与此同时，张郃派出郭淮所部对驻守列柳城的高翔所部发动突然袭击，没过多久，就占领了列柳城。直到这个时候，张郃才对已经人心惶惶的南山马谡主力部队发动总攻，没用多长时间就将其击溃。除了王平所部的一千将士之外，马谡剩下的各部都伤亡非常惨重，在这样不得已的情况下，马谡放弃街亭这一战略异常重要的地方仓皇地撤了回去。张郃的援军随后迅速进入陇右地区，一举将该地守军的被动局面打破了。因为张郃在街亭之战取得了非常巨大的胜利，陇右形势立刻发生了逆转。诸葛亮眼看着没有办法再取得胜利了，不得不下达命令让全军撤回了汉中，到了这个时候，诸葛亮的"一出祁山"也以失败而结束。天水、安定以及南安三郡也随后就被曹魏的军队又给夺了回去。

　　张郃在街亭之战中取得胜利，不仅将诸葛亮经过多年精心准备发动的"一出祁山"的战略构想挫败了，而且同时还使得曹魏政权从此对陇右以及凉州地区的防御力度得到了加强，使得诸葛亮在以后好几次发动的北伐都失去了突然性。这一战胜利之后，魏明帝专门下诏进行表彰。

　　诏书中是这么写的：诸葛亮率领众将与我军进行决战，张郃将军披坚执锐，所向披靡，朕感到十分欣慰。为了表彰他的功绩，增加食邑一千户，并加上之前的一共为四千三百户。倘若说街亭之战的胜利只不过是张郃临阵决断能力的一次杰出表现的话，那么，发生在同年12月的陈仓之战中张郃和魏明帝曹睿之间的对话，就更是反映出作为一代著名将领的张郃，对于对手情况的充分了解程度已经做到了兵法当中所说的"知己知彼。"

　　那个时候，张郃奉命统率关中诸军前去荆州，准备与镇守荆州的司马懿一同沿沔水进入长江一带对东吴发动规模巨大的进攻。这个时候，诸葛亮忽然亲自率领数万大军向兵力十分薄弱的陈仓发动猛烈的进攻，而这个时候的陈仓守将郝昭的手中仅仅只有数千兵力。魏明帝实在没有办法，只好将张郃从方城召到了京城，命令他率领三万大军前往陈仓进行救援。在临行之前，曹睿十分悲观地询问张郃，是否等到张郃到达陈仓的时候，陈仓早已经被诸葛亮拿下了。而张郃则非常冷静地回答："我估计我的军队还没到达陈仓，诸葛亮的大军就已经撤退了。因为诸葛亮所带的粮草供应不能够维持十天。"

　　故事情节的发展也如张郃预想的一样。为了实现进攻的突发性，诸葛亮的大军在出发之前没有带够军粮，大军的行动没有办法长时间维持。在陈仓守军郝昭的顽强抵御之下，诸葛亮迟迟无法攻克陈仓，又加上张郃的大军日夜兼程赶往陈仓支援，诸葛亮夺取陈仓的希望顿时化为了泡影。

　　因为和诸葛亮多次对垒，张郃积累了丰富的军事经验。他十分擅长安营布阵，从不给敌人留下一丝一毫的破绽。同时，张郃还十分擅长利用地形的特点达到攻守的目的。张郃对于战争形式的判断也相当准确。

他的这些特点，让诸葛亮心生忌惮。正因为张郃在对阵诸葛亮北伐的过程屡立战功，后来，魏明帝又授予他征西车骑将军的职务。

血洒疆场

令人惋惜的是，就在张郃名震天下、被曹魏重臣陈群誉为"国所依也"的时候，一次非常突然的意外却竟然使这位一代著名将领死于乱箭之中。这就是发生在公元231年的木门谷之战。

木门谷之战的发生，源自诸葛亮第四次兵出祁山那一段时间内。诸葛亮在公元231年2月以大军围困祁山守军，想要利用曹魏负责陇右及关中地区的最高军事长官曹真病重期间乘虚而入。魏明帝曹睿快速从荆州调遣大将军——司马懿负责主持西北战事，并且指挥张郃、郭淮等人进行抵挡。

祁山被围困之后，司马懿立刻命费曜、戴陵在上邽坚守，其他各部前往祁山支援。但是，在张郃看来，应该分兵于雍、郿等地驻扎，从而掩护大军侧后。可是，自以为是的司马懿并没有接受张郃的建议，结局可想而知。诸葛亮真的是分兵进攻，前后将费曜、戴陵击溃，而且借机大量收割当地小麦补充军需。

之后，诸葛亮的大军撤退诱敌，司马懿率军尾随其后，终于在卤城与诸葛亮的大军相遇。司马懿没有选择主动发起进攻，也没有对诸葛亮的军队进行任何侵扰性活动，只是一味地扎下营寨与之形成对立的局面。因为长时间没有发起进攻，最终引起了部下的强烈不满。此时，张郃再一次向司马懿提出了自己的见解。

张郃说："我们应该兵出奇招，对诸葛亮的大军进行战略性侵扰，从而增加诸葛亮大军进攻的难度增加，迫使他们择日撤退。如果一直这样尾随不战，早晚有一天会失去军心的。"可是，备感遗憾的是，司马懿并不赞同张郃的建议，结果导致不久之后就连司马懿手下的将领们都认定司马懿"畏蜀如虎"，根本不敢与诸葛亮决战。至此，司马懿依旧没有肯定张郃的侵扰战术，反而为了平息将士们的不满情绪，冲动地发动了一场大规模的正面交锋，结果损失严重，以失败告终。

同年六月，因为粮草的供应不足，诸葛亮的大军在迫不得已的情况下只好从前线撤了回来，返回汉中。司马懿在得知诸葛亮大军回撤的消息后，立刻下令进行追击，此时张郃坚决反对，说："诸葛亮不可能毫无缘由的撤军，其中定有隐情，不适合立即追击。"但是，张郃的意见并没有得到司马懿的赞同。此后发生的事情更加蹊跷了：司马懿竟然让此次行动的反对者张郃率领军队追击诸葛亮。果不出所料，张郃刚刚进入木门谷，就被诸葛亮的大军团团包围了。蜀汉军队居高临下对张郃及其部众发动猛烈进攻，万箭齐发，张郃的大军全军覆没，就连张郃本人也不幸阵亡。

关于张郃的死因，各项记载有所不同。

据《三国志·张郃传》中描述：张郃在木门谷与诸葛亮的大军交战的过程中，飞过来的弓箭首先射中了张郃的右膝，筋疲力竭的张郃才最终被砍杀。曹魏时期人鱼豢《魏略》中这样说：张郃是被射中大腿阵亡的。可是，在《太平御览》第二百九十一卷引晋人袁希之《汉表传》中的说法更加离奇。这本书中说诸葛亮在木门设伏，而且树上写下了几个大字：张郃死于树下。诸葛亮命令手下在大树两侧的高处设伏，等待张郃的到来，结果，张郃一到便千弩齐发，就这样，张郃万箭穿心而死。

张郃的意外死亡，在曹魏的内部引发了强烈争议。根据《三国志·辛毗传》中记载，张郃阵亡的消息传到曹魏朝廷之后，魏明帝曹睿上朝的时候感慨无限，说道："蜀国还没能平定张郃将军就阵亡了，这以后还能怎么办呢？"从这一句话中就可以看出，曹睿将张郃看得如此之重，张郃在曹睿心中的影响力如此之大。不仅如此，曹魏的大臣们也认为：张郃是曹魏的一代功臣，是魏国坚强的后盾。这些都充分体现了张郃在魏国的崇高地位。

当然，对张郃的死，司马懿需要担负主要责任。

虽然根据史料的记载，没有办法得出一个十分准确地证明张郃之死是曹魏内部矛盾争斗的的结果，但是有两个历史遗留问题一直令人不解：一是，张郃作为曹魏集团中位高权重的征西车骑将军，没能与司马懿一同指挥全军作战，反而需要听从司马懿的安排，亲自率领部众前去追击敌人，这的确令人感到疑惑；二是，在张郃对司马懿的决定提出反对意见之后，为何司马懿还要让张郃率军前去追击呢？

可是，不管历史的真相如何，张郃都是由于司马懿这道非常错误的命令而失去了自己宝贵的生命，这不能不让人对张郃这样一代著名将领感到相当惋惜。

第九章

严于律己的优秀战将——徐晃

名将档案

☆姓名：徐晃

☆别名：徐公明

☆民族：汉族

☆出生地：河东杨县（今山西洪洞东南）

☆出生日期：不详

☆逝世日期：公元227年（丁未年）

☆主要成就：献计平关中，大败梁兴；沔水破关羽，解樊城之围

☆封爵：阳平侯

☆谥号：壮侯

☆生平简历：

公元192年，徐晃说服杨奉护送汉献帝东入洛阳。汉献帝封赏保驾有功人员时，徐晃被册封都亭侯。

公元196年，徐晃担任车骑将军，驻兵大梁。

公元197年，徐晃归顺曹操。

公元200年，徐晃随曹操击败了投靠袁绍的刘备，又随曹操击败颜良，攻克白马（今河南滑县东北），来到延津（今河南延津北），在此击败文丑，被拜为偏将军。

公元204年，徐晃成功说服韩范投降。

公元215年，徐晃随曹操征讨张鲁，徐晃因为战功被提升为平寇将军。

公元218年，刘备派部将陈式等十余营袭击马鸣阁（今天四川广元北），想要切断曹军后方通道，徐晃率领部众将其击败。

公元220年，曹丕即魏王位，封徐晃为右将军，进封逯乡侯。10月，曹丕称帝，又进封徐晃为杨侯，后来，又迁封为阳平侯。

公元 226 年，徐晃与司马懿击败诸葛瑾。徐晃因功增食邑二百，前后共计三千一百户。

公元 227 年，徐晃习为疾病去世，谥号壮侯。

公元 243 年，徐晃得享从祀于曹操庙庭。

人物简评

　　西晋史学家——陈寿曾经明确指出：曹操能够在汉末诸侯争雄的局面中脱颖而出，并且统一中国北方地区的关键，就在于他的手下有一批能征善战、智勇双全的将领。这话的确不假。在曹魏帝国草创、发展及壮大的过程中，正是这些将领们杰出的表现，才使得曹操在大大小小的战争中一次又一次地取得胜利，并且为曹魏帝国的最终建立奠定了非常坚实的基础。

　　被曹操誉为有西汉名将周亚夫之风的大将徐晃，就是这群杰出将领的典型代表。徐晃一生十分俭朴，对自己也能够严格约束，在病死之前还专门嘱咐让埋葬他的时候敛以时服。而且，他每每取得战功的时候，也不会主动邀功请赏，因此，在曹操的军队中流传着这样一句话："不得响，属徐晃。"

　　徐晃在用兵作战时往往会将斥候派到很远的地方，刚开始的时候，做出一副打不赢的样子，然后再奋勇作战，追杀敌人，直至夺取最终的胜利，兵士们经常忙得没有时间吃饭，可以说是别具一格。徐晃经常叹息着说："古代的人常会忧虑遇不到贤明的国君，我现在有幸遇到了明主，尤其应当立功报效国君，哪里是为了个人名誉才做的？"因此，徐晃将为曹魏的统一事业而战斗视为自己效力的机会，并且以此作为动力，不断地鞭策着自己的行动，由此可见他那可贵可敬的品格。徐晃是曹魏政权的开国元勋，同时也是中国古代的非常优秀的战将。

生平故事

降曹随军征战

徐晃早年的经历不详，仅仅知道他曾经在故乡杨县担任过小吏之职，后来跟随车骑将军杨奉一同讨贼立有战功，被封为骑都尉。至于徐晃等人讨伐的到底是哪一路的贼人，现存的史料中并没有十分详细的记载，但是，从杨奉本人的前白波将领的身份以及他投靠凉州军阀董卓的经历进行判断，徐晃所征讨的非常有可能就是杨奉的老东家，也就是白波军。

王允和吕布合谋害死董卓之后，凉州军阀的残余势力——郭汜、李催率军进攻并迅速占领了长安，将朝政大权掌握在自己的手中，可是，没过久，这两个人就反目成仇，而且展开了一场激烈的争斗。此时，杨奉手下的得力干将徐晃，劝说杨奉护送汉献帝前往洛阳，杨奉欣然接受了徐晃的建议。于是，汉献帝在徐晃和杨奉的保护下，终于从郭汜和李催的包围中摆脱出来，几经辗转来到了安邑地区。因为护驾有功，徐晃被任命为都亭侯。但是，汉献帝的命运并没有因此发生改变，原来，护驾的杨奉、张杨等人又因为权势和利益相互争夺起来，内部矛盾越演越烈，与此同时，中原地区的曹操、袁绍等人也对汉献帝刘协的皇位虎视眈眈。此时，徐晃建议杨奉与曹操强强联合，进而摆脱人心不稳、粮草不足的困境。起初，杨奉采取了徐晃的建议，可是，一年之后又在韩暹的劝说下与曹操反目，想要以武力的形式将对汉献帝的控制权再夺回来。

公元196年10月，杨奉与曹操在梁地境内发生了一场激烈的战争，杨奉的部队在曹操的强攻之下仓皇逃窜，在万般无奈的情况下，杨奉只好率领部队向南逃，以投靠袁术。可此时，曾经提出与曹操联合的徐晃摇身一变，归顺曹操。

不过，我们并不能从史料中找到关于徐晃投靠曹操缘由的文字。徐晃是被俘虏之后才投靠曹操，还是主动依附的呢？到现在也没有找到相关的解释。可是，在《三国志·武帝纪》注引《魏书》之中却有这样的一句记载："（曹操）取张辽、徐晃于亡虏之内。"意思就是说，徐晃似乎与张辽一样都是在被俘之后，被曹操所招降的。

无论是被动招降还是主动依附，曹操对徐晃十分赏识却是毋庸置疑的。徐晃归附没多久，曹操就派给了徐晃一支军队，让他率兵前去攻打卷邑及原武县的叛军。当然，徐晃没有辜负曹操的期望，胜利而回。这场战役结束之后，曹操就正式任命徐晃为裨将军。

公元 198 年 9 月，曹操开始对盘踞在徐州的吕氏（吕布）集团发起猛烈的攻击，徐晃在这场战争中顺利将赵庶、李邹等人招降。

公元 199 年 4 月，河北太守张扬被部下杨丑杀害，杨丑正准备率领部队归附曹操，不料此时河内情况发生突变，曹操立刻派遣史涣、曹仁和徐晃等人一起进军射犬对睦固发起猛烈攻击，徐晃在这场战役中作为史涣的部将一起参加了发生在射犬附近的战役。最后，徐晃与史涣共同杀死了睦固，而且立刻将射犬城包围。

睦固的残部薛洪与缪尚见到自己没有能力出城与其对抗，不得不举手投降，此后，河内划入了曹操的势力范围。

公元 200 年，曹操与袁绍之间爆发了一场历史上非常著名的战役——官渡之战。这个时候，刘备在徐州地区将刺史车胄斩杀之后，发动了反叛，对曹操的战略计划产生了非常严重的影响，曹操在不得已的情况下亲自东征徐州，以便能够尽早消除这个隐患。徐晃也作为东征将领中的一员参与了徐州之战，并且迅速将刘备的部队击溃，之后又马不停蹄地赶到了官渡前线，专心对付袁绍部队的大举进攻。

同年 4 月，袁绍派遣大将颜良对曹操防守比较薄弱的白马地区发起猛烈的进攻，与在白马镇守的东郡太守刘延展开了一次激烈的交锋，曹操收到这个消息之后立刻亲自北上对刘延进行支援，并且派出关羽率领张辽与徐晃等人作为先头部队对颜良所部进行迎击。在这场战斗当中，关羽一击得手，将颜良斩杀。

与此同时，张辽、徐晃则从旁策应，彻底击溃了颜良所部；接下来，徐晃又在延津南地区将袁绍的另一支精锐——文丑所部击败，文丑也在混战中被斩杀。这两次胜利也使得曹操对徐晃这位半路投降的将领另眼相待，并且任命他为偏将军一职。

在接下来的战斗中，徐晃先是和曹洪一同将祝臂叛军击败，接着又和曹仁、史涣一同在故市进攻袁绍的运输车辆，并且放火将他们的运粮车全部烧毁。之后，徐晃又和其他将领一同向袁绍发动总攻，并且取得了这场决定汉末中原霸主地位战役的最终胜利。

公元202年，袁绍因为疾病去世了，他的残余部队袁尚、袁谭势力继续与曹操作对。为了能够尽早实现统一中原的战略目标，曹操对他们展开了全面的进攻。

公元204年，曹操拿下邯郸之后，又派兵包围了邺县。在曹操的无比强大的攻势面前，易阳县令韩范在迫不得已的情况下，选择了假装献城投降以便能够尽可能地拖延时间，暗地里却依旧准备着负隅顽抗。但是，韩范的诡计不幸被曹操识破了，曹操派徐晃率领部众对易阳进行攻击。

这个时候，徐晃向曹操提出了一个建议：必定要把韩范的假投降变成真投降。徐晃表示："袁氏已经在河北地区经营数年，根基非常雄厚，尽管近几年遭到了十分大的挫折，但是依旧有很多的郡县听命于袁氏。就像现在的易阳地区一样，即使今天将其攻下，过不了多长时间，他们还是会再一次造反的。倘若是这样的话，河北地区将会永远没有安宁的日子了。只有让易阳县令韩范真正地归顺投降，并且以此昭示仍然被袁氏占据的各个郡县，这样一来，他们就会望风归顺的。"徐晃的这个建议实际上就是兵法中所说的"不战而屈人之兵"原则的具体体现，饱读兵法的曹操对此自然是再熟悉不过了。于是，曹操毫不犹豫地接受了徐晃的这个建议。

徐晃率领兵将来到易阳城下之后，并没有立即发起任何的进攻，只是利用弓箭向城中射进了一封书信。

在信中，徐晃认真地向韩范详细地分析了河北地区的形势，并且大力劝说韩范归降曹操。徐晃这一招降的计谋，很快收到了良好的效果。韩范在看完徐晃的劝降信之后，觉得信中所言非常有道理，就接受了他们的招降，立刻将城门打开，向曹操投降。就这样，一场本应十分艰苦的攻坚战被徐晃化为了无形。易阳事件的和平解决，也为招降袁氏残余势力开辟了一种新的模式。很多原本属于袁氏集团的郡县真的纷纷前来归降于曹操，这也为曹操迅速将袁氏残余势力彻底击败作出了很大的贡献。

徐晃在成功地招降易阳军民之后没过多长时间，又被曹操派往毛城地区参加战斗。面对敌军非常猛烈的攻势，徐晃并没有选择与之硬碰硬地进行对抗，而是巧妙地设下了埋伏，发动突然袭击，将敌军打了一个措手不及。徐晃所部也顺利地拿下了三处敌营并且击败敌军。

除此之外，徐晃还参加了南皮、平原等地区消灭袁谭以及远征乌桓、征讨蹋顿等一系列战役。在这些战役当中，徐晃的表现都相当出色，受到曹操的高度赞扬，曹操还提升徐晃担任横野将军之职。这个时候的徐晃也慢慢地成为了一位颇受曹操信任的虎将。

东征西战

在赤壁之战结束之后，曹操率领部众撤回了北方，留下曹仁和徐晃一同在江陵地区镇守，提防孙刘联军将要发动的攻势。江陵防御战总共进行了一年多的时间，为曹氏（曹操）集团在赤壁之战之后进行战略调整争取了一定的时间。在成功地完成阻击孙刘联军的进攻任务后，徐晃与曹仁一同在公元209年年底顺利地从江陵撤了出来。

一年之后，徐晃的身姿又出现在太原郡。这一次他是跟着代理征西护军夏侯渊一同讨伐太原郡商曜叛军的。两个人不仅围攻并拿下了叛军的大本营大陵县，而且还杀死了叛军首领——商曜。

公元211年，曹操以征讨汉中军阀张鲁为借口，派司隶校尉钟繇率领三千兵骑挺进关中地区，而且派夏侯渊率领大军在后方接应。凉州的各路军阀知道曹操的大军进入之后，迅速组成了以韩遂、马超为首的十路大军，并且纠集了十多万大军在潼关一带摆开了阵势，做好了与曹军决一死战的准备。曹操在得知这一信息之后，也随即调兵遣将，与韩遂、马超等人展开了一场殊死搏斗。虽然史料中没有记载徐晃部队所属的具体位置，但是从他这一时期的活动进行判断，他很有可能依旧隶属于夏侯渊，是最早进入关陇地区的曹军军队。

韩遂与马超起兵反叛之后，曹操亲自率领主力部队火速赶往潼关，同时，他还命令徐晃在汾阳驻守，进而保证黄河以东地区的安全。待曹操抵达潼关后，担心无法顺利渡过蒲坂津，就把徐晃找来商量对策。

针对当时的情况，徐晃做出了详细的分析：现在，我军的主力部队已经抵达潼关一线，但是，叛军却不在蒲坂津地区驻守，这就充分说明叛军缺乏足够的谋略。徐晃向曹操提出的建议是，由自己率领一支精兵作为先锋部队横渡蒲坂津，彻底切断叛军之间的联系，如此一来就可以打败叛军。对于徐晃的这一建议，曹操表示赞同。曹操命令徐晃率领骑兵四千人渡过蒲坂津。当徐晃的部队刚刚渡河之后，叛军的将领就率领五千人马在晚上对徐晃的军队进行了突袭，但是，却被早已经做好万全准备的徐晃一举击溃。曹操的第一战完成得非常顺利。之后，曹操率领部队在潼关将韩遂与马超的叛军打败，获得了关陇之战的最终胜利。徐晃奉命与夏侯渊一起向鄜糜、汧县发起攻击，并最终与曹操在安定会师，占领地区的叛军首领之一杨秋也在万般无奈的情况下选择了投降。

经过关陇一战后，曹操班师回到邺城，只留下徐晃与夏侯渊两个人在长安驻守。之后，徐晃与夏侯渊又一同平定了逃亡郿城、夏阳的叛军残余力量，凉州地区的韩遂与马超等割据势力也被一并铲除，马超被迫前往汉中地区，韩遂被杀害，凉州地区的局势基本上稳定。

凉州战事结束之后，在公元215年，徐晃还参加了由曹操亲自指挥的汉中战役，在徐晃的强大攻势下，汉中地区的叛军自知无法抵挡，纷纷选择投降。

徐晃在凉州、汉中等地的出色表现引起了曹操的高度关注，为了更好地表彰这位战功卓越的将领，曹操提升徐晃担任平寇将军，并且任命徐晃作为夏侯渊手下的主要将领一同在汉中地区镇守。这一次，徐晃所面临的对手就不久之前占领益州全境、士气正处于旺盛时期的刘氏（刘备）集团。在与刘备军队军队较量的过程中，徐晃展现了他无比武勇的本色。

公元218年，刘备对汉中地区发起猛烈进攻，其部将陈式率领大军封锁马鸣阁道，意图切断汉中曹操军队的联系。徐晃率领军队发起猛烈攻势，将陈式的军队打得落花流水，抱头逃窜。在徐晃的强大攻势下，很多士兵因为无法逃生，掉落山谷，伤亡惨重。曹操得知这个消息之后，十分喜悦，对徐晃赞赏有加。

不过，虽然徐晃所部取得了一些战争的胜利，但是随着汉中曹军主帅——夏侯渊在定军山却意外地死去，曹操亲征汉中也没有办法取得战争的胜利，在万般不得已的情况下令放弃了汉中。徐晃也不得不接受这个痛苦的现实。

解围樊城

在汉中地区的失利并没有影响到徐晃在曹操心目中的地位，对于这名战场上的骁将，曹操还是表现出了充分的信任。就在曹操撤军之后的一个月后，徐晃就接受了一项更加艰巨的任务：对被重重围困的襄阳与樊城地区进行援救。这一次，徐晃的对手就是享誉中外的蜀国虎将关羽。而这一仗也成为了徐晃军旅生涯中最辉煌的一战。

公元219年，关羽发动了对襄阳与樊城的进攻。面对关羽的猛烈攻势，曹操分别派遣徐晃与于禁进行增援。而庞德与于禁所率领的七军主力在同年8月遭遇洪水，全军身处汪洋大海中。关羽借此机会发动进攻，于禁不幸被俘，在迫不得已的情况下选择了投降，庞德被杀，全军三万将士成为了关羽的俘虏。

前往增援的襄樊援军也只留下了徐晃这一支为数不多的部队。为了确保救援工作的顺利进行，曹操命吕建、徐商两位将军分别率领一支部队对徐晃进行支援，只有等到援军抵达，徐晃才可以继续前进。

此时，襄樊的形式变得严峻起来。

就在徐晃行军的必经之路——偃城地区，关羽已经秘密设防，将徐晃前进的道路阻截。为了尽可能早地赶到襄樊前线，徐晃想到了一个好方法，命令部下在偃城的周围挖沟，而且谎称以此对偃城守军进行包围。守军果然中计了，还没有真正开战就烧毁了营寨慌忙撤退了。徐晃不费吹灰之力就攻克了偃城，而且将两边的营寨连到了一起。没过多久，大军就挺进了阳陵陂一带，这里距离关羽设伏的地方只有三丈远。

这个时候，徐晃感觉自己的兵力还不能够打破关羽对樊城的围困，并没有立即下令对关羽开始进攻。而徐晃手下的部分将领则害怕樊城会因为徐晃迟迟不肯发动进攻而失陷，有些性子比较急的将领对徐晃公开地进行责备。只有跟着徐晃一同出征的议郎赵俨认定徐晃的做法是很正确的。

赵俨说道："如今徐晃的兵力不足，倘若这个时候贸然发起进攻，不仅没有办法实现解围的目标，反而会造成非常重大的伤亡。"赵俨认为，现在最为关键的是等待曹操的援军赶到，与此同时，想方设法通知在樊城困守的曹仁援军将至。在赵俨的支持之下，徐晃命令部下挖地道接近樊城，并且用箭将自己前来救援的消息通知曹仁，另外还故意将孙权写给曹操的有关江东军队将要偷袭关羽大本营的消息透露给关羽。徐晃的这个主意不但让城中守军士气大振，而且也使得围攻樊城的关羽以及手下将士顾虑重重，攻势也就大打折扣了。

为了进一步增强徐晃军队的实力，曹操又调拨殷署、朱盖等将领率领的十二营的兵力全部归徐晃指挥。当这十二营的士兵来到之后，徐晃马上对关羽发起了猛烈的进攻。为了达到快速将关羽击败的目的，徐晃使用了声东击西的策略，佯称将要攻击樊城以北的围头屯，而事实上则是猛攻樊城附近的四冢屯。

关羽果真中了徐晃的计策，没有对四冢屯进行重点的防御，所以战斗开始之后没有多长时间，四冢屯就落到了徐晃的手中。在毫无办法的情况下，关羽不得不亲自率领五千步骑兵赶往四冢屯进行救援。双方在四冢屯地区展开了一场非常激烈的战斗，最终，徐晃打败了关羽，之后便冲进了关羽设在樊城外围的包围圈内，关羽的军队未能抵挡住徐晃军队强有力的攻势，全线崩溃，许多士兵迫不得已跳入沔水淹死了。之前背叛曹操投降关羽的曹军将领——傅方、胡修也死在徐晃的刀下，关羽对于樊城的包围被徐晃撕开了。

面对徐晃的攻势，关羽也已经预感到自己占领樊城的愿望已化为泡影，同时，他的大本营也被孙权攻克，在万般无奈的情况下，只得下令撤兵。这场长达半年的樊城之围最终被徐晃击溃了。

曹操在得知徐晃一举解除了关羽对樊城的围困之后，感慨万千，立刻对全国颁布了一道对徐晃的嘉奖令。在令中，曹操说："敌军在围绕营垒的壕沟上建立了十层鹿角。而徐晃将军和敌军进行交战的时候，不仅攻破了这十层鹿角，而且大获全胜，突然冲入敌军的阵营，还斩杀与俘虏了很多敌军。以我用兵三十多年的亲身经历与从所听说的古代善于用兵的人，都没有一个可以这样长驱直入敌军的营寨，更何况襄樊被围的严重程度已经超过了春秋战国时期被燕人围困的莒城与即墨。所以，徐晃将军的功劳要远远地超过了著名将领孙武与穰苴！"

等到徐晃凯旋时，曹操亲自出城七百里迎接，并且设宴款待为徐晃庆功。席间，曹操再一次夸奖徐晃说："这一次之所以能够解除襄阳与樊城之围，都是徐晃你一个人的功劳啊！"

曹操去世之后，曹丕即位，任命徐晃为右将军，晋封逯乡侯，没多久又被进封为杨侯。之后他还和征南将军夏侯尚一起在上庸地区与刘备的义子——刘封展开了一场争夺东三郡的战争，而且最终将刘备的势力从东郡清扫了出去。

公元227年，一代名将徐晃因为疾病去世了，谥号壮侯。

军旅生涯的特点

身为曹魏集团的一员不容忽视的猛将，徐晃的军旅生涯是相当辉煌，也是颇具特点的。徐晃一生勤俭节约，时常在作战之前就派遣侦查员到前线打听战况，而且提前考虑到影响战斗胜利的各种不良因素，等到所有的隐患都消除之后才决定出战，而且尽自己的最大努力争取战争的最终胜利。有时，他甚至连饭都顾不上吃。

徐晃不仅善于治兵，还擅长用兵。在《三国志·徐晃传》中详细描述了这样一个故事。上文提到，徐晃在成功解除了襄樊的围困之后，接受了曹操的宴请。之后曹操对聚集摩陂的各路大军进行巡查。其他将领的士兵听到曹操前来巡视，都离开原来的队伍前去观看，只有徐晃的士兵依旧列队整齐、纹丝不动。那时的曹操就感叹说："徐晃将军当真继承了汉初名将周亚夫的遗风啊！"

对于自己在战场上的出色表现与曹操的高度评价，徐晃却没有一丝一毫的自满。他常常说的一句话就是："古人经常担忧自己没有遇上一个开明的君主，而我却非常幸运地遇到了，理所应当多立功以便报答主公的知遇之恩，怎么能够是为了自己的名誉呢？"所以徐晃在曹魏集团的表现得相当低调，从来也不会主动巴结权贵来提高自己的地位。

说到这儿，不得不说说曹操对于手下将领任用的一大缺陷。尽管曹操以"唯才是举"著称，但是在主要将领的任用之上，曹操还是有着非常明显"任人唯亲"的倾向。

曹操自己的家族成员，比如夏侯惇、夏侯渊、曹仁等人都是被委以重任，并且直接控制着军队的指挥大权，剩下的比如张辽、徐晃这样的非家族成员，尽管曹操在关键时候也会放手大胆地使用他们，但是却一直心存顾虑。

比如，徐晃这样的一位著名将领，基本上一直位居曹仁、夏侯渊之类曹操心腹将领之下，他的作战能力并没有得到充分的发挥。五子良将之首的张辽在镇守合肥的时候，上面不仅有护军薛悌，身边也有李典这样始终与自己关系不和的将领在一旁看着。而徐晃的情况大体上也是相同的，早年的时候一直位居人下，好不容易能够用主将的身份指挥作战，自己的决策还遭到了其他将领的质疑并且曾经遭受非常严厉的呵斥，如果不是议郎赵俨为他说话，还不知道徐晃能不能继续实施自己的战略与战术来进行解围。再加上曹操生性多疑，让徐晃这位本来在战场上可以发挥更大作用的著名将领失去了不少表现的机会。

当然了，这种现象不仅出现在曹操的身上，而且在中国几千年的历史长流中可以说是屡见不鲜的。这大概就是中国帝王政治的一种表现吧。

第十章

见解超人的蒙冤将领——邓艾

名将档案

☆姓名：邓艾

☆别名：邓范、邓士载

☆民族：汉族

☆出生地：义阳棘阳（今河南新野）

☆出生日期：公元 197 年

☆逝世日期：公元 264 年

☆主要成就：治理魏国西方，与姜维多次对峙；率兵偷渡阴平，覆灭蜀国

☆封爵：关内侯、方城亭侯、邓侯

☆代表作品：《济河论》

☆生平简历：

公元 197 年，邓艾出生在义阳棘阳（今河南新野）。

公元 208 年，邓艾跟随母亲迁到了汝南（今河南上蔡）。

公元 241 年，邓艾认真在陈州、项城以东直到寿春（今河南淮阳附近）一带进行勘察之后，提出了"臣田且守"、"屯田开漕"以及"积谷富民"的政策。

公元 243 年，邓艾担任参征西军事，转任南安（今甘肃陇西东南）太守。

公元 249 年，邓艾与征西将军郭淮前去抵抗蜀将姜维的进攻，期间，邓艾献计成功地击溃了姜维的部队。邓艾因功被赐爵关内侯，加讨寇将军，后又迁升城阳（治所在今诸城东北）太守。

公元 254 年，曹髦即位，加封邓艾为方城亭侯。

公元 255 年，邓艾因功被提升为长水校尉（官名，掌宿卫兵），晋封方城乡侯，代行安西将军的职务。

公元 263 年，邓艾率领部众偷渡阴平，覆灭蜀国。

公元 264 年，邓艾被冤枉致死。

公元 273 年，皇帝下诏为邓艾平反昭雪。

人物简评 🌧

　　邓艾，是三国时期一位杰出的将领，也是一位出色的军事家。他的才能可与司马懿、诸葛亮相媲美。战场上的他眼光长远，见解独到，具有相当难得的战略头脑。他可以做到未卜先知，在战争中一直掌握主动权，在战场上更是战无不胜。偷渡阴平的战役，算得上是中国历史上入川战役中最精彩的一次，已经作为军事史上最杰出的战役被记录史册。

　　生活中的邓艾更是愿意与战士们同甘共苦，在作战的过程中可以做到身先士卒。在阴平道上，他以毡自裹，推转而下。就是因为他愿意做第一个吃螃蟹的人，才让部将们无不敬佩，愿意与他同生共死，才一次次赢得战争的胜利。

　　不过，尽管邓艾能征善战，但是不善于自保是他最大的不幸，导致他最终落得个悲惨的结局。史学家陈寿在《三国志·魏书·邓艾传》中做了客观的评价："邓艾矫然强壮，立功立事，然暗于防患，咎败旋至，岂远知乎诸葛恪而不能近自见，此盖古人所谓自论者也。"

生平故事 🌧

勤可补拙得到认同

　　公元197年，邓艾在一个贫困的家庭中出生，在他小的时候，父亲就病重去世了。在汉末这个兵荒马乱的时代，因为战争频繁发生，社会变得动荡不安，中原土地变得高度集中，各路豪杰你抢我夺，因此邓艾与母亲的日子相当艰难，时常四处漂泊。

公元 208 年，曹操攻克荆州，当地的百姓无不惊慌失措，到处奔走，仅有 11 岁的邓艾跟随母亲逃到了汝南（今河南上蔡），给一家地主放牛。第二年，母子二人辗转到颍川（今河南禹县）。颍川是东汉名士陈寔的故乡。陈寔是东汉末年的文学家，出身卑贱，可是志向远大，爱好学习，最终凭借自己的不断努力成为了一代大儒，而且此人刚正不阿，不被功名利禄所诱惑，得到了百姓的拥戴和爱护。年幼的邓艾在左邻右舍的帮助下，开始苦学陈寔的碑帖，而且被陈寔的品质和才学深深影响，他十分欣赏"文为世范，行为世则"这一句话，于是，为自己改名为"范"。只是，后来的邓艾在发现同族人中有一样名字的人，就改了回来。

从小在乱世中摸爬滚打的邓艾，他的目标并不是谋个一官半职，光宗耀祖，而是效仿古人，立志做一名将帅，指挥千军万马上阵杀敌。因此，他从小研读兵书，而且进行布阵作战的演习，每当遇到险要的地形，诸如山川、河流等，他总会在手上写写画画，说这里可以用兵，那里设有埋伏等。不过，邓艾有非常严重的口吃，语言表达不清晰，导致所有认识他的人都嘲笑他："家无隔夜粮，箱无替换衣，朝无举荐人，自己又呆头呆脑、嘴笨口吃，就是这样的人还张口闭口说如何用兵，不是'痴'、'呆'、'傻'，又是什么呢？"

面对他人的嘲讽，邓艾从来都不在乎，只是一味地努力读书。终于，功夫不负有心人，邓艾的才学得到了大家的认可。在屯田民中，有才学的人并不多，邓艾凭借着自身的才学被举荐为典农都尉的学士（职位相当于县令），因此可以担任典农都尉的下等官吏，以后如果有劳绩还可以慢慢升迁，这对于出生微贱的人来说，毫无疑问一条改换门庭之路。

可是，因为口吃的缘故，典农都尉认为邓艾不适合担任如此重要的职位，就让他做一些看守稻草的小活计。当时，同郡中的一个官吏的父亲因为同情他出生贫苦，经常资助他。邓艾十分清楚地知道现在的自己没有能力回报对方，对于这些东西虽然来者不拒，却也不会当面道谢，甚至连感谢的话都不会说，仅仅是牢牢记在心里。由于这件事，很多人都说他不近人情。之后，有人推荐他到衙门里面工作，又是因为他口吃，不适合做郡吏的助手，就派遣他担任稻田守丛吏的职务。

由于邓艾做事情十分勤恳，而且善于动脑，之后，邓艾再一次经人推荐担任典农功曹。这个职务是典农校尉的属官，主要工作是屯田事务。邓艾虽然志向远大，但一直兢兢业业，勤勤恳恳，对于眼前的事情，他都十分认真地对待。邓艾的远大志向与实际作风相结合，为他日后的晋升之路奠定了坚实的基础。

屯田强兵之策

一次偶然的机会，邓艾得到了晋升的机会。邓艾在担任典农功曹时，对于所管的屯田事物十分熟悉，因此被遣入朝中，拜见是太尉司马懿，汇报当地的屯田情况。因为邓艾的文风朴实，思路缜密，他所汇报的材料事实不但十分详实，数据十分具体，而且见解独到，说理透彻，有理有据。司马懿慧眼识英雄，他发现邓艾在言语上虽然有些笨拙，但却具有独特的才能，于是把他留在身边做篆隶。工作一段时间之后，邓艾因为表现突出被封为尚书郎。司马懿是邓艾的伯乐，如果没有他，邓艾这匹千里马又怎么会被发现呢？

邓艾在充实军备和屯田积谷等方面的表现十分出色，显示出了很高的才干。而当时，魏国为了将蜀吴两国灭掉，正在积极扩充军备，军队的数量也在不断提升，但是军资却成为了一个大问题，其中，粮食短缺问题是最为突出的。司马懿决定大规模屯田养军，为此派遣邓艾进行实地考察，寻找可以扩大粮食生产的有利途径。

从公元241年开始，邓艾就反复在项城、陈州一代巡查，终于发现此地有一块超大面积的田野，土壤肥沃，却因为缺乏水资源而不能种植稻田。如果可以开凿运河，引水灌溉，不但可以广积军粮，还可以开通漕运，很好地解决粮食物资的运输问题。他依照调研的实际情况，结合屯田的历史经验，大胆提出了"臣田且守"、"屯田开漕"以及"积谷富民"的政策。

邓艾将自己在屯田方面的独到见解整理成书——《济河论》，他在书中这样写道："如今，国家的当务之急，是农业与战争这两个方面，国家富有军队才能壮大，军队强大才能在对战中获胜。自古以来，所有的胜利都是建立在发达农业的基础上。孔子曾经说过'足食足兵'，由此可见，食在兵前。因此，国家当局一定要深刻认识到粮食对于作战胜利的重要作用。"他还说："当年破除黄巾军，就是因为在许昌周围屯田养兵，广积粮草，才可以控制四方。如今，大部分地区已经平定，只有淮南一带不能平静，每一次朝廷前去讨伐，都会兴师动众，耗费大量的物资，损失大量劳役。如果可以充分利用蔡州、陈州一代的粮油，不仅可以减轻许昌地区的土地负担，还可以引水东下，以利漕运。"

当然，邓艾还为此做出了精心的计算与筹划，他提出的建议是：派遣两万人在淮北一带进行屯田，三万人在淮南地区屯田。这五万屯田的军队中，可以让十分之二的人轮流进行养息和休整，这样就可以保证一直有四万人处在屯田的状态中。由于当地的水利充沛，预计的收获一般会是西部地区的三倍，如果这样计算的话，除掉屯田部队本身的消费，每一年都可以上缴五百万斛的粮食，都可以作为军粮的储备。如此一来，只需要六七年的时间，便可以在两淮地区储备三千万斛粮食，仔细算算，可以供应十万大军五年的食用。在此基础上向吴国发起攻击，必将战无不胜。

邓艾的建议刚刚提出，就得到了司马懿的大力支持，而且全部按照他的主张实施完成。

在上述的计划指导中，从公元 241 年开始，魏国在淮北和淮南地区开辟河道，开始屯田。向北主要以淮水为界，从钟离以南，横石以西，到沘水源头之间的四百多里范围的土地上，五里设置一个军屯营，每个营分配六十个人，一边戍守，一边屯田。同时，百尺、淮阳两条河渠也拓宽了很多，从黄河引水注入颍水和淮水，颍北与颍南修了很多陂田。淮水流域挖了三百多里的水渠，引入水渠的水足以灌溉二万顷农田，进而让淮北与淮南连成一片。

多年以后，从京都到寿春，沿途的兵屯相望，犬吠声不绝于耳，出现了一片繁荣昌盛的局面。自此之后，淮水流域的军屯与水利建设得到了飞速发展，魏国在东南力量的防御力量得到了增强。当东南发生战事的时候，大军可以乘坐战船南下，一直抵达江淮地区，如此一来，不但军粮有了足够的储备，连水害也消除了。

邓艾提出的屯田养兵政策，让魏国有了很大的收益，为消除连年战事、发展经济以及富国强兵做出了很大的贡献，也为最终获得统一中国战争的胜利奠定了坚实的基础。

中年领兵显才华

中年的邓艾，依旧坚持着自己的屯田事业，虽然为富国强兵做出了极大的贡献，可却从来不曾带领将士们到战场上厮杀。后来，因为战绩突出，他被晋升为南安太守。

公元249年，邓艾与征西将军郭淮被派去抵御蜀将姜维。从此时起，邓艾才真正开始了他的军旅生涯，他的聪明睿智、冷静果断、深谋远虑的杰出军事才能才充分展现出来。

那时，姜维率领大军乘兴而来，见到魏军早已做好了万全的准备，并没有任何可乘之机，于是假装撤退。郭淮见状，就想要追击，对倾向于蜀国的羌族人发动进攻。可是，邓艾熟读兵法，一眼就看穿了姜维的阴谋，说道："敌兵退走不远，或许会原路返回，应该分兵行动，预防不测。"郭淮采纳了邓艾的建议。于是，邓艾率领军队驻守，驻扎在白水北岸。果不出所料，三天后，姜维真的派遣廖化率领亲兵悄悄返回，但是看到魏军已经做好的迎战的准备，在无可奈何的情况下，只好在白水以南与邓艾隔岸扎营。邓艾对蜀军军营进行了周密的观察，准确地做出了判断。

邓艾对手下的众位将领说："姜维突然返回，我军数量众多，他原本可以渡水进攻，可是到现在也没有做架桥的准备。我敢断定这是姜维让

廖化的军队牵制我们，让我们不敢轻举妄动，之后姜维亲自率领军队东去偷袭，如此一来，便可以顺利攻下洮城。"洮城位于白水以北，距离邓艾的军营只有六十里。如果洮城被敌军占领，那么魏军就会被切断后路。邓艾的判断没有错，姜维果真渡河向洮城发起猛烈进攻，可是因为邓艾先一步赶到，所以魏军没有被蜀军击溃。

在这次战役中，邓艾的军事才能得到了初步体现，也正是因为此次战役，邓艾凭借自身的预谋，让魏军避免了很大的损失，所以，邓艾被赐封为关内侯，并且加讨寇将军，后来又升迁为城阳郡（今山东诸城）太守。

深谋远虑直谏言

经过数次战斗，魏国的统治高层对邓艾各个方面的能力都给予了高度肯定，也因为如此才派遣邓艾治理郡县。邓艾依照自己在作战过程中的深刻体会，将长期屯田的经验发挥得淋漓尽致，实施了一系列对百姓有利的措施。只要是邓艾治理的郡县，都会从荒野变良田，当地的军民收获颇丰。在邓艾迁任汝南太守后，就去寻找曾经帮助过自己的那一位小官吏的父亲，可惜，当邓艾找到他的时候，他已经去世了。于是，邓艾就让属下的官吏去祭奠他，并且给了他的母亲很多财富，甚至举荐他的儿子做了计吏。这件事情更是让他在百姓心目中的地位迅速提高。

邓艾担任地方官的时候，时刻关注着国家大事。他对目前的国家局势进行详细的分析，经常向朝廷提出一些自己的建设性意见。

三国后期，魏国所处的战略环境的确不容乐观，不但蜀吴两国的战争不断，就连北方的匈奴、西边的羌族也一直对中原地区虎视眈眈，特别是匈奴人一直对中原边境进行骚扰。

此时，并州（今山西太原）的匈奴单于刘豹统一了匈奴部落，针对这一情况，邓艾及时进行奏报："羌狄本性凶残，从不讲究道义，当它强势的时候就会对我方进行侵扰，当它衰弱的时候就会对我方俯首称臣。

正是因为如此，周宣王时期经常有猃狁南侵，汉高祖统治时期则在平城遭遇匈奴的围困。强盛的匈奴一度成为了前代朝廷的祸患。因为单于远居塞外，很难对其进行控制，也不可以同他排列尊卑，可如果让他入朝侍奉，就会让各个部落因为失去首领而无法形成统一的势力。如此，就会让包括单于在内的万里江山归为一统。目前，南部单于虽然遵命尚在，但因为与自己的部落疏远，进而导致官居塞外的刘豹势力逐渐强盛起来。对于胡虏，朝廷不能不严加防范。臣得知在刘豹的内部一直存在反动力量，倒不如因势利导让反叛力量割据，造成匈奴内部分裂，削弱其势力。右贤王在去世之前曾经为朝廷立下赫赫战功，可是，他的儿子却未能子承父业，应该封以爵位，并且让其居住在雁门。对于脱离本部落的首领，追论以往功勋并给予相应的爵位，这才是防御边患的大计。"

他继续上奏说："羌胡异族之民与内地百姓杂居共处者，应该使他们慢慢地脱离原来部落，成为我编外之民，并且给予其教化，使之知道廉耻，从而杜绝他们作乱犯法之路。"刚刚辅理朝政的大将军司马师，接受了邓艾的大多数意见。

孙权去世，诸葛恪床前托孤，孙亮即位之后，东吴在诸葛恪的带领下，革新内外、铲除利弊，一时之间，政绩卓越、民心大悦。诸葛恪因此居功自傲。

公元253年，诸葛恪围困合肥新城（今安徽合肥西北方），因为长时间无法攻克只得返回吴国。邓艾对司马师预测东吴的形势，说道："孙权已经死了，东吴的大臣还没有真正依附新主，国中的那些名门望族都有着自己的私人武装，他们可以依靠武装力量，各自独立。此时，诸葛恪的根基未稳，却不想着安抚臣民，稳固民心，反而一味地强行使用外力，肆意加重百姓的负担，甚至动用全国的兵力，建造坚固的城墙，人力、物力、财力方面损失惨重，兵士死亡严重。如今无功而返，这是他在自挖坟墓。古时的商鞅、吴起等人，都曾经受到君王的器重。可是，只要器重他们的君王死去了，他们也会随之身败名裂。更何况诸葛恪的智谋远远比不上四位贤才。他不去考虑重大的隐患，败亡之日已经不远。"事实果然如邓艾所说的那样，诸葛恪回到吴国之后，就招来了杀身之祸，死在武卫将军孙峻的刀下。

没多久，邓艾又被提升为兖州刺史，而且加封为振威将军。此时，他的担子变得更加沉重了，也就更加关注国家的各项建设。他又一次指出了粮食对于军队与国家的意义，他上奏提出了"对官员设爵封赏进行激励"的制度。他表示："在没有任何封赏的情况下，下面的官员就不会通过实实在在的政绩建功立业，只想安于现状，不思进取。从今天开始，朝廷在考察官员的政绩，行使封赏的时候，应该看他是不是发展粮食生产，让百姓变得更加富裕。如此一来，才能够杜绝阿谀奉承、杜绝大小官员之间的拉拢现象。"

平定叛乱败姜维

公元254年，曹髦登基即位，加封邓艾为方城亭侯。公元255年，镇南将军毋丘俭与扬州刺史文钦率军谋反，这两个人假传太后的懿旨，列出大将军司马师的一系列罪状，派人将书信送上，以此诱导人心。

他们充分调动所管辖诸国的军队，要挟淮南的守将和当地的百姓，一同迁往寿春城（今安徽寿县）。他们还在城西设坛誓师，然后将老弱病孺挑选出来守卫城池。文钦与毋丘俭各自带领五六万兵马，横渡淮河，挺进项城（今河南项城的东南方）。

毋丘俭起兵造反的事情在全国上下轰动了，大将军司马师亲自率领朝中队军与之对抗。邓艾也参加了这一次征讨，且在战斗过程中起了重要作用。在邓艾的建议下，司马师率领大军屯驻汝阳（今河南商水一带），遣派监军王都带领先锋占领南顿（今河南项城以西地区），排兵布阵，而且命令所有军队坚守不攻，不与敌人进行正面交锋。文钦与毋丘俭无法进攻与魏军交锋，后退又害怕寿春遭遇袭击，身处进退两难的境地，一时之间，没有什么办法。

此时，邓艾率领一万多军队抵达乐系（今河南商水东南地区），首先以少数兵力引诱敌人，之后，司马师亲自率领军队从汝阳发兵前来接应。文钦对于即将发生的一切并不知晓，果真想要趁着黑夜对邓艾的部队进行偷袭，等到天亮的时候，才发现对方的兵马很强盛，于是急急忙忙地带兵撤退，邓艾指挥起兵追击，文钦的部队被打得落花流水，大败而回。

当天，毌丘俭得知文钦的部队溃不成军的消息后，惊恐万分，吓得连夜逃跑。等到抵达慎县的时候，毌丘俭率领的士兵大都溃逃。邓艾的下属发现了毌丘俭之后，斩杀了他。与此同时，邓艾率领兵马在乐嘉城内驰骋，而且修建渡河浮桥，文钦在迫不得已的情况下，投靠吴国。

吴国大将孙峻等人趁此机会，率领十万大军，横渡长江到达魏国的新城与合肥（今安徽合肥市与湖北房县）。镇东将军诸葛诞命令邓艾在肥阳据守。可是，邓艾对于战争形势的判断有着自己独到的见解，他认为这个地区的距离来犯之敌非常远，又不是战略要地，于是主动移兵屯驻于附亭（今安徽寿县）。他派遣泰山太守诸葛绪等人奔赴黎浆（今安徽寿县）与敌军形成对峙，最终将顽强的吴军击溃。

这一年，邓艾因为前后斩杀毌丘俭、击败文钦等人立下赫赫战功，被提升为长水校尉（官名，掌宿卫兵），晋封方城乡侯，代行安西将军的职务。此时，邓艾已经成为了魏国举足轻重的将领之一。

在邓艾一生的军旅生涯之中，西蜀的姜维成为他的主要敌手。姜维是诸葛亮还活着的时候就已经拟定的接班人，他机智过人，作战勇猛，继承了诸葛亮"还于旧都，兴复汉室"的宏伟志向，多次挺进中原进行讨伐。邓艾曾经与姜维多次交手，积累了丰富的经验，审时度势，依照战场上的复杂情况，尽可能做到趋利避害，采取灵活的作战方式，对敌人形成致命的打击，多次取得胜利。

当时，姜维亲自率领蜀军向雍州挺进，直逼陇西，背靠曲山（今甘肃岷县东南）修筑的两座城堡，主要由李歆，句安驻守，想要借此成为蜀军的立足之地。

这一地区东临秦岭，西靠岷山，山峦叠嶂，地势险要，对魏军构成了很大的威胁。邓艾在围攻曲城的时候，切断了他们的城外水源与运道，前者是想要让蜀军干渴而死，后者是想要阻断蜀军的粮草运输。如此一来，旬安的蜀军虽然多次进行挑衅，但邓艾军队都视若无睹，蜀军陷入困境，甚至到了"分粮聚雪以引日月"的境地。

曲城蜀军的据守也变得越来越困难，同时，迟迟等不到援军的到来，在万般无奈的情况下，只有举手投降。等到姜维得到消息率军前来的时候，魏军早已经在牛头山上设置了重重兵力，切断了蜀军的退路，蜀军不得不退守锤提（今甘肃临洮县）。

经过此次战役，邓艾被提升为安西将军，假节（掌握生死大权的人），兼领护东羌校尉。邓艾麾下的谋士们大多认为，姜维军队经过数次失败，其兵力已经衰竭，不可能再主动发起攻击了。邓艾却不同意，他说："我军在洮西大败，损失惨重，蜀军过关斩将，让我方的粮草枯竭，百姓流离失所，险些陷入危险之中。依照目前的军事形势看，敌军依旧拥有乘胜攻击的优势，我方依然处于劣势地位，这是一个十分不利的因素；敌军将佐上下关系和睦，团结协作，装备精良，但是我军主将接连更换，战士重聚，可以说是将易兵新，而且设备也没有对方完善，这是第二个不利因素；敌军用战船代替步行，可我们却是步行，这是第三个不利因素；我军需要在陇西、狄道、祁山等地派兵驻守，兵力较为分散，但是敌军却可以集中兵力对任何一个地方发起攻击，这是第四个不利因素；敌军如果于陇西等地取道，就可以利用羌人的粮谷充当军用，这是第五个不利因素。敌人果断、狡猾、善于谋略，有了以上这五个不利因素，一定不会善罢甘休，过不了多久就会卷土重来。"

果不出所料，不久之后，姜维率领军队攻打祁山。当他得知邓艾在此早有部署之后，又开始取道向南安发起攻击。

邓艾驻守在武城山，和蜀军形成了对立之势，姜维见不能够轻易取胜，就在当天晚上涉水越过渭水顺着山路东进，逼近上邽（今甘肃天水），邓艾在段谷（今上邽西南方向）与姜维展开了一场激烈的厮杀。因为蜀国的镇西将军胡济没有按时到达，导致姜维的失败。蜀军死伤惨重，百姓怨声载道，姜维不得不效仿诸葛，上书请求"贬黜"。刘禅为了安抚众人的心情，将姜维贬为后将军行大将军事。

邓艾在此次战役中立下了汗马功劳，公元 256 年，朝廷特意降旨："蜀军反贼姜维奸诈狡猾，接连数年侵犯我边境，扰乱人心，让西北地区的百姓不得安宁。邓艾谋划有方，作战骁勇，接连斩杀敌军数万人，俘虏数千人，使得我国的雄威震慑巴蜀。现在，任命邓艾为镇西大将军，授权负责陇西事宜，晋封为邓侯，划分食邑五百户，其儿子邓忠为亭侯。"

公元 257 年，邓艾在长城（今陕西周至县南）再一次对姜维发起猛烈攻击，面对邓艾的强烈攻势，姜维逼不得已只好退回蜀国。邓艾再一次升为征西将军，前后一共增加食邑六千户。

公元 262 年，邓艾又在侯和（今甘肃临潭县西北地区），一举击败姜维的军队，迫使姜维退守沓中（今甘肃舟曲县西北地区）。

出奇制胜终破蜀

多次交战后，魏国认为与蜀国决战的时刻到了。

公元 263 年，魏主颁发了"征四方之兵十八万"的诏书，由大将军司马昭进行统一领导。

这一年 8 月，魏军的部队从洛阳起兵，兵分三路向蜀国进发，随即发动猛烈的攻击。在魏国与蜀国最终的决战时刻，邓艾表现出了更高的智慧，他于阴平偷渡加速了消灭西蜀的步伐，成为了中国历史上最具典型的偷袭战役。

司马昭任命各路节度使，命令邓艾为西路，直接与姜维交锋，起到牵制作用；命令雍州刺史诸葛绪截断姜维的退路，让他不可能有返回的机会；同时，钟会率领十万大军向汉中地区发起猛烈的攻击。

邓艾让天水太守王颀等人径直对姜维军队发起猛攻，让陇西太守牵弘等人在前方进行阻截，让金城太守杨欣等人率军抵达甘松（今甘肃迭部县一带）驻守。

蜀军得知魏军来攻的消息之后，派遣廖化等人率领军队到沓中支援姜维，派张翼、董厥等率军到阳安关（今陕西阳平关）屯兵驻守，同时，叮嘱各个部队不要恋战，接连撤回镇守乐城与汉中。

不幸的姜维遭到了邓艾与诸葛绪的两面夹击，陷入了被动挨打的局面，在得知钟会率领兵骑前来接应的时候，他下定决心撤退。可是，在撤退的过程中，遭到了魏军的追击，退回阴平（今甘肃文县白水），遇到了前来增援的张翼、廖化等人，于是决定集中兵力镇守剑阁。一直以来，剑阁都以地势险峻著称，且处于入川的咽喉部位。它位于两山之间，狭径三十里，是险夷要地，也是出了名的易守难攻之地。姜维依靠坚固的防守，将魏军的入蜀要道阻截，钟会多次想要攻打剑阁，都无功而返，不仅如此，还因为千里行军，粮草供应不足，导致十多万大军被阻于山间狭道，骑虎难下，进退两难。原本主动的形式，忽然变得被动，逼迫魏军撤兵，消灭蜀国的计划也随之化为泡沫。

邓艾在得知钟会的军队受阻之后，立刻上书司马昭，提出了进军小道如此出其不意的险招，他说："依照目前的局势，我军应该借此机会攻其不备。我们可以从阴平（今甘肃文县西北）抄小路行军，途径广汉、德阳亭（今四川江油县东北雁门坝）挺进距离剑阁四百多里的涪城（今四川绵阳县）。如此，向西距离成都便只有三百多里，然后派遣精兵直攻敌人的心脏，蜀国的剑阁守军一定会回过头来守卫涪城，此时，魏军的主力便可以借此时机向前推进；倘若剑阁守军不肯回撤，那么涪城的兵力薄弱，我军便可以一举将其攻克，直逼成都。"对于邓艾的这个建议，司马昭表示十分赞同。

公元263年10月，邓艾率领部队从阴平的小路进军。阴平位于白水南北两条河流中间，地势险峻，重峦叠嶂，沿途七百公里荒芜人烟，行军困难。

邓艾的这一次出其不意、攻其不备的奇招实施起来是相当困难的。军队此行道路险峻，每当到达地势险峻的地方，都需要架桥凿山，开辟栈道，因此行军速度十分缓慢。而且，粮草供给不足，全军将士一度面临绝境，有时，遇到危险，士卒们因为恐惧，不敢行走。每当遇到这种情况，邓艾都会走在最前面，利用毛毡将身体裹住，滚下去。部将们看到将军临危不惧，心中顿时充满力量，也都附葛攀藤缘崖而进。

有一天，魏军来到呆阳坝（今距离青川北十多里），发现下游十多里的地方有青烟袅袅，就潜行往袭，以求取食物充饥，到达之后，才知道是蜀军的临时阵地，立刻发动袭击，因为守军的防范疏忽，邓艾的军队一举就将他们击垮了，将军团章也被俘获。此时，邓艾抓紧时间对团章进行劝降。团章投降之后，成为了魏军的开路先锋，邓艾的部队继续前进，途径宝阅山、天柱山等，经过悬崖陡峭的栈道，进入了比较开阔的空地。

魏军的奇兵突然之间从天而降，毫无戒备的蜀军不战而降。那时，蜀国的护卫将军诸葛瞻甩掉了大军直接从涪城到达治亭（今四川绵阳城），摆开了阵势等待着邓艾的到来。蜀汉尚书郎黄崇，曾经建议迅速占据险要之地，以便将魏军阻击在山间峡谷，虽然一再恳求，但是诸葛瞻依旧犹豫不决。邓艾亲自率领大军前行，就好像疾风一样到来了，将蜀军前锋击败，迫使蜀军连夜撤退到了绵竹（今四川德阳）。

这个时候，邓艾给诸葛瞻写了一封信，想要引诱他投降，诸葛瞻非常愤怒，将使者斩杀了，列阵以待。邓艾命令他的儿子邓忠率领两千兵从右面进攻，司马（官职名）师纂也率领两千人从左面进攻。不过，邓忠、师纂两军作战失利，撤退回来之后禀报："贼兵难于击破。"邓艾非常生气地说道："我们的生死存亡在此一举，有什么不可以击破？"他对这两个人进行非常严厉的斥责，并欲处斩。邓忠、师纂马上返回阵前，勇猛杀敌，最后终于击败了敌军，将诸葛瞻斩杀。魏军趁着胜利继续推进，来到了雒城（县名，今四川广汉县北），逼近蜀国京城——成都。

邓艾兵出奇招，偷袭成功，让姜维陷入进退两难的境地。但是驻守在成都附近的蜀军并不知道魏军将至，还没来得及调度，城内的百姓得知京城难守的消息后，惊慌失措，纷纷向山野中逃跑。

蜀国后主刘禅将朝中众位大臣召集到一起进行商讨，最终决定向魏军投降，派遣使者向邓艾奉献了皇帝玺、绥，并且作了降表，请求投降。前线姜维得知刘禅投降的消息之后，就在涪城向魏将钟会投降。到这里，建立四十三年的西蜀政权正式宣告灭亡了。

平定西蜀　反遭猜忌

投降就要有投降的样子。当邓艾带着大军进入成都之后，刘禅就带着太子和朝廷的诸位大臣共六十多人，每个人都反绑着双手，车载棺木，来到了邓艾的车马前进行请罪。

邓艾一看，不由心头一乐，但还是佯装着镇定的样子拿着符节，把刘禅的绑索解开，并将棺木焚烧，接受了刘禅投降的请求，同时还承诺给刘禅宽大的待遇。

邓艾入城之后，对属下的将领十分约束，因此魏军入城之后并没有发现什么抢掠的事件。对于归降的蜀国君臣，也给予十分妥善的安置，又出榜安抚百姓，维持以往秩序，使得蜀国上下都盛赞他的德行。邓艾仿照着东汉邓禹的故事，将刘禅封为了骠骑将军，将刘禅的太子封为了奉车都尉（官名，掌御乘舆马），诸王则为驸马都尉（官名，掌副车之马），就这样，蜀国原来的小朝廷按照地位的高低都被封为国家的官职或者的一下子都变成了邓艾的属下。

邓艾安排完这些投降的君主和臣下之后，又让师纂接任了益州刺史，并命令陇西的太守牵弘等人担任蜀中各郡长官，为了更好地炫耀自己的战功，他还下令在绵竹城筑高台。同时，对于那些战死的魏军和蜀军，邓艾下令将他们埋在一起。邓艾的这些做法，有效地缓和了当时蜀魏的矛盾，让成都地区的百姓迅速接受了魏军，恢复了正常生活。

邓艾成功攻下蜀地并有条不紊地进驻，这一消息很快就传到了魏国国内。不久，朝廷对邓艾的褒奖也随之而来。

公元263年12月，魏国朝廷颁诏称："邓艾耀威奋战，采用奇兵深入敌人脏腹，夺关斩将，剿除强寇。兴师不费时日，定巴蜀如风卷残云。

往者，白起破灭强大的楚国，韩信击败劲敌赵国，吴汉斩杀公孙子阳，周亚夫平定七国之乱，虽然都战功赫赫，但如果要进行比较，他们可就比不上邓艾了。因此将邓艾晋升为太尉，增加两万户食邑，将他的两个爱子都分为亭侯之爵，每人各食邑千户。"

由于蜀汉的灭亡，魏、蜀、吴"三国鼎立"的局面就此打破，吞并了蜀汉的魏国一下子有了绝对优势，因此，攻占东吴的计划很快也被提上了日程表。

攻破蜀国后，具有丰富作战经验的邓艾在十二月就给司马昭写了一封信，信中认真陈述了下一步攻占东吴的对策。

他在信中这样说道："用兵之道，有先声夺人而后发举大兵之策。现在，可以借助平定巴蜀之声威，乘势征讨东吴。当吴国人为之惊恐的时候，则正是我荡平大患的时候。但是，我在大举兴师之后，将士已经非常疲劳，不可以马上再一次动兵，而应当暂缓一时，加以休整。建议留守陇右军队二万，蜀军二万，开办盐业，兴治地方，以作为军民生计，并且造舟做船，以作水路进攻的准备。之后派人前去游说东吴，说明利害，吴国一定会慑服而归顺。这样，就可以兵不血刃，不战而胜。如今，应该优待刘禅以便昭示吴主孙休，安抚蜀中之士，以便招安吴邦远队。倘若将刘禅送往京都，吴国就会认为是对他刑罚流放，这就相当于打击了东吴的归顺之心。权宜之计，且暂缓行动，等到明年秋冬之季的时候再说。到了那个时候，吴国也应当完完全全平定了。"接着，他进一步指出："为了进一步减少消灭吴国的阻力，应当厚待西蜀后主——刘禅，可以封刘禅为扶风王，封他的儿子为公侯，对于蜀国的降将降臣'各随高下拜为王官'等，'以显归命之宠'。这样一来，就可以使得东吴'畏威怀德，望风而从'。"

根据当时的形势来看，邓艾所陈述的灭吴之策，灵活而又周密，切实可行。邓艾一心钻研着灭吴的对策，各种建议也提得很有远见卓识，却没想到司马昭因为他擅自承制拜官感到很不高兴，而邓艾又在这个时候提出要留兵蜀中，让本就多疑的司马昭更加对他产生了怀疑。

　　这个时候的司马昭早就对魏政权垂涎已久，但是他考虑的问题与邓艾却完全不同。因此当他收到邓艾的来信后，立刻派遣监军卫瓘传谕邓艾，告诫道："凡是都应该先上报朝廷，不应该擅自采取行动。"邓艾的积极性一下子被打击得所剩无几，本来自己为了魏国的前途着想，采取了一系列深得民心的措施，同时还诚诚恳恳地提了一系列对付东吴的对策，没想到收到的却是一番告诫。感到自己不受重视的邓艾，又上书把自己的见解讲明，他认为："以前奉命出征，自己所执行的政策也是上面'指授'的，但是因为地区比较广阔，道途又比较遥远，如果每件事都要通报朝廷，等待朝廷的命令，一定会耽误时机。"

　　为了为自己辩解，邓艾还引用了《春秋公羊传》中的言论："大夫出征在外，只要是有利于国家的，安定社稷之策，都能够自行定夺"；同时他还列举了《孙子兵法》中"进不求名，退不避罪"的说法，表明只有执行上述原则，不拘常规，才能够不失去良好的时机。最后，邓艾在书信中十分诚恳地表达了自己对国家的无比忠诚和深深的责任感。

好大喜功　受冤而死

　　洋洋洒洒地写完一大篇忠于祖国的文章之后，邓艾就开始了自己的地方执政生涯。邓艾在地方执政期间，处理事情总是秉公办理，绝对不徇私枉法，这位著名的将领，此时又成为了一个表现出色的地方长官。不过，人无完人，邓艾在团结方面就做得不太好，因为脾气暴躁，经常会得罪上下。除此之外，随着战功的增加，邓艾身上的傲气也开始崭露头角。人一傲慢，就容易得罪他人，因此邓艾也惹得周围的人极度不满。

　　眼看着邓艾的骄纵之气日益高涨，早就有叛变心思的钟会与胡烈以及师纂等人更加决定要将邓艾除之而后快。为了能够成功灭掉邓艾这个眼中钉，钟会三人使尽了各种卑劣的手段。他们先是在成功拿下蜀国后不久联合起来诬告邓艾存有反叛之心，然后又让钟会模仿邓艾的笔迹，伪造信件，把邓艾向魏主奏章的言词改成了一种好大喜功、居功自傲，而且言辞间对朝廷充满不满的口气。

很快钟会等人的计划就得逞了，朝廷很快就下诏派遣监军卫瓘将邓艾父子逮捕，并用槛车把他们送到了京都。

公元264年1月中旬，钟会来到成都，他先是命令属下把邓艾押往洛阳，等邓艾离开之后就开始兴兵作乱。当时，钟会麾下有魏、蜀军队二十多万，钟会成功除掉了有灭蜀大功的邓艾，后又成功地把庞大的远征军掌控在自己手里，拥有了庞大军事力量的支持。

司马昭的疑心可不单单只对邓艾一个人，他对钟会也早就产生了戒备之心。因此钟会一造反，司马昭就派中护军贾充率领一万步骑进蜀地占领乐城，随后又亲自指挥十万大军进驻长安，杀得钟会一个措手不及。

钟会只好将魏军全部的将领扣押了起来，并拿出了所谓的废除司马昭的太后遗诏，期间蜀国姜维怂恿钟会将扣押的将领全部杀掉以绝后患，计划着趁此机会杀掉钟会，恢复蜀国的政权。不过因为钟会迟迟没有拿定注意，让消息泄露了出去。18日中午，得知消息的护军胡烈之弟胡渊带领部众击鼓冲出营帐，其他各营官兵为了营救自己的将领也一同响应。一时之间，大军蜂拥而至，冲入了扣押将领的蜀宫。那些被拘押的将领与部众会和之后，与钟会率领的大军在宫城外展开了一场激战，随后姜维、钟会以及部众数百人被斩杀，蜀国太子刘璿与姜维妻子也被杀害。钟会被杀之后，邓艾的老部下将囚车追了回来，把邓艾迎接回了成都。

因为魏军大乱且没有邓艾的约束，所以抢掠的现象增多，监军卫瓘出面之后才收拾了这种混乱的局面，让局势稳定了下来。稳定局势之后，监军卫瓘就开始考虑自己的未来了。因为他也参与了诬陷邓艾的行动，所以很担心邓艾恢复原职之后会对自己不利。于是一不做二不休，干脆派护军田续等人征讨邓艾，将毫无防备的邓艾和他的儿子邓忠杀死在了绵竹城西部。邓艾其他住在洛阳的儿子也全部被诛杀，邓艾的妻子和孙子也全部被流放到西域。就这样，一代奇将的一生在一种凄惨的氛围里落下了帷幕。

邓艾的死也许真的是命中注定，当年邓艾在征讨蜀国的时候，梦到自己坐在山上，旁边有流水，就向殄虏护军爰邵请教。爰邵释梦说："按照《周易》卦，山上有水叫蹇卦。蹇利西南，却不利东北。您此次出征肯定能够成功拿下蜀国，但是很可能就回不来了呢！"当时邓艾听后，怅然若失。没想到，邓艾的结局真的应验了梦中的预兆。

邓艾的死，着实有些冤枉。公元265年，司马炎登基称帝，建立晋室之后，议郎段灼才上书为邓艾喊冤，准备为他平反。他认为邓艾"忠而受诛，信而见疑"，对于邓艾这个功绩累累的将领来说，造反之说根本就是无稽之谈，不过当时段灼的上书并没有得到皇上的重视。

直到公元273年，皇帝才下诏为邓艾平反，认为"邓艾有功勋，受罪不逃刑"，并将邓艾的嫡孙邓朗授为郎中官，至此邓艾的冤情才得以昭雪。

邓艾的功绩在日后越来越多地表现出了其巨大的威力。当年邓艾在西部的时候，修筑了界墙关塞，建立了城堡。到了泰始年间，羌人发动非常大的叛乱，数次杀害刺史，凉州道路也被斩断了，但是，官吏百姓之所以最后还是能够保全，全都是邓艾当年修筑的城堡的功劳。

卫瓘智擒邓艾

三国末期，钟会到了涪城，听闻邓艾进了成都，经常自以为觉得了不起，狂妄自大，不仅瞧不起蜀中的士大夫，连钟会也不放在眼里。钟会知道了自然很不高兴。原来，邓艾在安顿好蜀汉的君臣后，对他们说："幸亏你们遇到了我，才有今天的富贵荣耀，要是碰到吴汉一伙的人，你们怎么有今天。"他又直接向司马昭上书，计划要趁着这次打了胜仗，乘胜去平定东吴。

司马昭自有自己的打算。他首先请魏元帝特赦益州的军民人等，免去租税一半，连免五年。蜀中一共才九十四万人口，士兵和官吏就有十四五万，百姓的负担确实很重。司马昭的措施的确很厉害，让百姓觉得新的主人不但没有降罪于他们，反而还一连五年免去一半租税。接着，他又上奏，封邓艾为大尉，钟会为司徒。但是他没有允许邓艾去打东吴。而且他又叫监军卫瓘去嘱咐邓艾，说："如果有军事行动必须向上报告，不可自作主张。"

邓艾觉得自己有莫大的功劳，现在又做了太尉，听完卫瓘传达的话，不由得火冒三丈。他说："按照《春秋》的说法，大臣如若出了边疆，到了外面，只要是对国家社稷有利的事情，都可以自己做决定。我为什么就要受这么多的牵制呢？"卫瓘不敢顶撞他，便敷衍了他一下就出来了。他是钟会和邓艾两路兵马的监军，这两边都受他的监督，所以他必须兼顾两边。他到了涪城，就把邓艾的话告诉了钟会。钟会听后另有打算，于是先请卫瓘休息，再商量对付邓艾的办法。

姜维知道这个消息后，进入内帐，悄悄对钟会说："听闻明公自从淮南打胜仗以来，每个计策都能够成功，没有失败的时候。晋公能有今天的成就，全靠您的打拼。这次又平定蜀汉，也都是您的功劳。就因为您的功劳太大，我不由得替您担心。明公深受百姓们的尊敬爱戴，这是很好的事，可是，现在这儿的老百姓越是尊敬您，就越叫这儿的主人害怕。您何不不学学陶朱公，坐着小船逃出去呢？立过大功之后做个隐士，保全名誉，明哲保身，不是很好吗？"

钟会摇摇头，说："您想错了。我不是那种人。我正年轻有为，精力旺盛，现有的成绩，我还不满足，哪儿还想去做隐士呢？"姜维说："明公志向远大，目光长远。凭明公的智慧和潜力，没有什么不能成功的，那就用不着我老头儿多嘴了。"从这以后，钟会把姜维当作心腹，两人出去同坐同回，十分要好，关系密切。

钟会与姜维商量后决定，准备请卫瓘跟他秘密联名上书，上告邓艾有谋反的行动。司马昭既提防着邓艾，又提防钟会。他先请魏元帝下诏书，把邓艾抓住，押到洛阳来。他又怕邓艾会抗拒，于是就命钟会率军到达成都，又派护军贾充带领军队驻扎在斜谷，一起防御邓艾。有人对司马昭说："钟会的兵马大大多于邓艾，二者实力相差悬殊，钟会擒拿邓艾兵力足矣，何必再派贾充去呢？"司马昭说："我怕贾充军事实力不够，正想劝皇上御驾亲征呢。"那个人说："这么说来，难道是为了防备钟会？"司马昭说："希望不会是这样。我万不能对不起别人，可是，别人也不该对不起我，我也不可以先去怀疑别人。"他于是请魏元帝上长安御驾亲征，自己也率领大军跟随。这样一来，不但邓艾不敢抗拒，就是钟会也有所顾忌。

钟会请姜维想办法怎么去收服邓艾。姜维说："卫瓘是监军，明公可以派他去，这是做监军的分内之事，他必须要去。如果卫瓘被邓艾杀了，邓艾的行为就是造反，明公就可以借此发兵去讨伐邓艾。"钟会很同意姜维的说法，于是就派卫瓘带着几十个武士和两辆囚车到成都去捉拿邓艾父子。卫瓘的部下拦住他，说："不能去，不能去！这明明是钟司徒要借刀杀人，您这一去，会被邓太尉杀了的。"卫瓘说："不要惊慌，我自有办法。"他连夜到了成都后，暗地里给邓艾所统领的将军们发通告说："皇上有令，只收服邓艾，其他人一概不问。将军们如果服从命令，那么将按照平蜀的功劳，封爵加赏，如若违抗，灭门三族！"

各营的将军们接到了这个秘密通告后，悄悄来见卫瓘。等到公鸡打鸣，天刚蒙蒙亮的时候，将军们都赶了卫瓘那边归降，只有邓艾还留在营里不知所以，在帐内酣睡着。于是，卫瓘坐着天子使者的车马，带着几十个武士突然闯进邓艾帐里，宣布说："奉诏收邓艾父子！"邓艾吓得从梦里惊醒，滚下床来，就被武士们抓住，武士们给他穿上衣服，抓住他的儿子邓忠把他们分别抓上了囚车，送到卫瓘营里。这时候剩下的邓艾营里的将士们，被突如其来的状况惊得不知所措，他们商量后，莽撞地跑到卫瓘营里来，打算救邓艾父子回去。卫瓘早就料到会有这么一出，他不慌不忙地出来迎接他们，假意地对他们说："我正在起草奏章，打算替邓太尉申辩。"将士们听后相信了卫瓘，只怕罪上加罪，怕不利于邓艾的申辩，都服从了卫瓘的命令。

邓艾的劲敌——诸葛亮的学生姜维

姜维字伯约，天水冀人。他自幼失去了父亲，是母亲含辛茹苦地将他养大。从小他就对郑氏学特别感兴趣。在本郡曾经当过上计掾一职，由于才干出色，州里将他派去担任从事。从前姜维的父亲姜冏做过郡功曹，当职期间遇上羌、戎谋反，为了保家卫国，不幸牺牲在了战场。也就是因为他父亲的奋勇杀敌，朝廷赐姜维官为中郎，参与本郡军事。

（后主）建兴六年（228年），丞相诸葛亮亲率大军，朝祁山攻进，恰逢太守外出巡察，姜维和功曹梁绪、主簿尹赏、主记梁虔等人跟随。太守看到蜀军的到来并且各县对蜀军都俯首称臣，心中愤愤不平，果断决定星夜赶路逃到上邽坚守。姜维等人对太守的出走很是诧异，随即追赶，不过还是晚了一步。因为当时城门已关，防守森严，他们无法进入。于是只能返回冀县，冀县城门也是关闭，不让他们进入。面对此情此况姜维等人不得已投奔诸葛亮。当时马谡在街亭遭到惨败，诸葛亮把西县一千多家的壮丁和姜维的部队带回蜀国，也就是因为这个原因姜维就和母亲失去了联系。

诸葛亮任命姜维为仓曹掾，并加官奉义将军，封当阳亭侯，当时姜维才二十七岁，可谓是一代英雄豪杰。诸葛亮亲自写信给留府长史张裔、参军蒋琬并称赞说："姜伯约竭心尽力，心思缜密，以他的才能，是永南（李邵）、季常（马良）等人都难以企及的。这个人，可以称得上凉州第一等人才啊！"又说："练兵须挑选五六千虎步兵集中，使之成为能独当一面的强大军队，姜伯约对军事研究的可谓是轻车熟路，他为人深明大义，对兵法义理也熟记在心。他这人一心装着汉朝，才气可以说是鹤立鸡群。待到军事训练结束后，我会带他进宫拜见主上的。"训练结束后，姜维被派任中监军征西将军。

建兴十二年（234年），诸葛亮去世，姜维因为被任职右监军辅汉将军统领各军而来到成都，被封为平襄侯。（后主）延熙元年（238年），跟随大将军蒋琬留在了汉中。蒋琬升任大司马后，委任姜维作司马，凭借出色的指挥才能，姜维好几次率领偏军向西打入敌人的境地。六年（243年），姜维升任镇西大将军，领凉州刺史。十年（247年），改任卫将军，和大将军费祎共录尚书事。同一年，汶山平康夷族意图谋反，姜维率领军队一举消灭敌军。姜维接着又出兵陇西、南安、金城边界，在洮水西面和魏国大将军郭淮、夏侯霸等人顽强抗战。胡王治无戴等人带着部落来谢罪，表示甘心投降，姜维将他们带回到蜀国并将其家人安顿好。十二年（249 年），朝廷姜维假使节，再出兵西平，不过这次是失败而归。姜维自恃对西方凉州的风俗了如指掌，而且自以为有文武之智，想用计引导羌、胡来作蜀军的羽翼，轻言可将自陇以西轻而易举地拿下。每次当他想要大举兴兵进攻时，费祎时常阻止他，对他的计划持怀疑态度，因此就拨给姜维统不超过一万人的兵力。

延熙十六年（253 年）春季，费祎去世。时值夏季，姜维亲率几万人出征石营，沿路经过董亭，围攻了了南安，雍州刺史陈泰冲出重重阻拦来到了洛门，由于姜维粮食告罄，才下达撤军回蜀国的命令。第二年，他官督中外军事，随后又出兵陇西郡，守狄道长李简携全城百姓对他投降。姜维率领大将围攻襄武，和魏将徐质进行了一场激烈的搏斗，魏军伤亡众多，抛盔弃甲狼狈逃走。姜维步步紧逼，将许多城池都攻下了，还将河关、狄道、临洮三县拿下，其百姓均退回。后来在十八年（255 年），又和车骑将军夏侯霸等在狄道的进攻中共同出谋划策，把洮西魏雍州刺史王经的军队打得一败涂地。王经的兵战死伤数万人，狼狈逃走，退守狄道城，姜维将其重重包围，本来以为胜利在望，但王经中途得到魏征西将军陈泰的援救，姜维不得已退到钟题休养生息。

延熙十九年（256 年）春天，姜维荣升为大将军。他重整军容，制备武器，犒劳战马，在上邽与镇西大将军胡济约定会师，不过胡济没有遵守诺言准时到来，这也因此导致了姜维被魏大将邓艾在段谷打得惨不忍睹的悲剧，军队死伤人数众多。士兵因此都对他怀恨在心，而陇西也人心惶惶，众人都不知怎么办才好。姜维向朝廷负荆请罪，将责任全揽在自己身上，请求削官降爵。朝廷念在他以前的功劳上姑且贬他为后将军，代理大将军一职。

延熙二十年（257 年），魏征东大将军诸葛诞在淮南意图造反，魏国将关中的一部分兵马派到东方压制叛乱。姜维想借关中空虚的机会攻打秦川，接着率兵几万人出骆谷，直驱沈岭。当时长城内囤积了大量粮谷，但守兵却寥寥无几，大家都对姜维的到来诚惶诚恐。魏大将军司马望负责和姜维打回旋战，邓艾从陇右风尘仆仆而来，双双驻军在长城。姜维在芒水安营扎寨，各部队依山傍水而宿。司马望、邓艾傍着渭水严阵死守，姜维频频挑战，使用激将法，司马望、邓艾都强忍心中的怒气，按兵不动。到了（后主）景耀元年（258年），姜维听说诸葛诞已经一败涂地的消息，就班师回成都。朝廷重新给与他大将军的职位。

　　起初，先主将魏延留在汉中镇守，为了抵御外敌设置了许多防御措施和防御线，一旦敌人强行攻来，就近防守，让敌人无法靠近一步，寸步难行，这一方法屡试不爽，比如兴势之役，王平抗拒曹爽，都承袭了该法。姜维建议，设防线用错落的方式来防御，虽然符合《周易》"重门"的抗敌之道，但这仅仅可以对敌人的侵略形成阻碍，是被动的，不可能使自己完全掌握主动权。不如这样，当敌人一来，通知各防线马上收兵，集中于谷食，接着率领军队退到汉、乐两城里防守，让敌人难以进入平地，将抵御敌人的任务交给关防镇守。当敌人一旦发动攻击，各地军队便一齐向前乘虚骚扰，攻其不备。敌人久久攻不下城池，野外又无粮食可供其食用，他们的粮草被长途跋涉地运来，补给谈何容易，到后来自然人人无心恋战，战马缺少，粮食供给不够，到了非撤不可的地步。这个战术好就好在在他退兵的那一天，我们各城出其不意，将他置于不可反驳之地，不能不说这是一个歼敌的妙计。朝廷认为这一方法不错，命督汉中的胡济退守汉寿，监军王含守乐城，护军蒋斌守汉城，分别在西安、建威、武卫、石门、武城、建昌都设立了防守阵地。

　　景耀五年（262年），姜维带领人马出兵汉、侯和，迫于邓艾的威势，退回沓中（青海东南境，甘肃临潭县西）。姜维来自外乡，托身立命于蜀国，多年来征战南北，却一直没有显赫的功绩；而宦官黄皓等在宫里阿谀奉承、溜须拍马掌握了朝廷大权，和右大将军阎宇、黄皓是一丘之貉，黄皓想排除异己废掉姜维的兵权，并想把大权给与自己较好的阎宇。姜维对黄皓阴谋诡计心知肚明，所以恐惧不安，害怕回到成都后自

己会遭到小人的陷害，生命不保。

景耀六年（263年），姜维上表给后主说："臣听闻，朝中流言，钟会在关中囤积粮食，招兵买马，意图谋反，我们应该未雨绸缪派出张翼、廖化督镇各个部队，在犭安关口、阴平桥头分精锐部队把守，以免灭亡之灾。"

黄皓曾经问鬼巫此言论是否正确，被告知说敌人无此胆量进攻。黄皓就一纸奏章禀明皇上把这件事遮掩过去了，所有的臣子都蒙在鼓里。就在钟会快要进兵骆谷、邓艾将要攻入沓中的那一刻，朝廷才慌忙派右车骑廖化到沓中去后援姜维，派左车骑张翼、辅国大将军董厥等人到阳安关口作在防线的外围适时援助。当救兵赶到阴平的时候，被告知魏将诸葛绪带兵进攻建威，不得已救兵就在阴平伏击敌人。一个多月后不久，邓艾打败了姜维部队，退到阴平驻扎。钟会领兵包围了汉、乐两城，并派遣另一支军队朝关口开去，蒋舒自认为无力抵抗，于是开城门投降，傅佥在格斗中不幸死去。钟会没有成功地攻下乐城，被告知关口已被攻下，就浩浩荡荡地进城了。张翼、董厥刚一到汉寿，对进攻没有信心的姜维、廖化于是从阴平撤退，并和张翼、董厥会合，一齐退守剑阁并齐心协力抵抗钟会。钟会给姜维写了一封信，说："公侯以文武双全的才德，抱负盖世的韬略，功劳成就于巴、汉，声望显扬于华夏，您德高望重的言行无不令人敬仰。我经常回忆起以前的日子，我们曾经一起受到过朝廷宏大的恩泽与庇佑，我对您敬仰已久，这种友谊可以比得上吴季札、郑子产一见如故的交情了。"

姜维看了来信却未打算回信，只是安排在险要的地方排兵布阵。钟会考虑良久，对取胜把握不大，又鉴于粮运补给路线很长路途遥远，甚是不妥，只好与众将商议退兵。

可是邓艾在从阴平由景谷道攻入的途中，与诸葛瞻在绵竹交战，并把他打得一败涂地。邓艾降服了后主，并率兵进驻成都。诸葛瞻兵败的消息不久就传到姜维的耳中，有的传言说后主想坚决守住成都，又说想弃城而东逃入吴国，一会儿又说想向南逃入建宁（郡名，故治在今云南曲靖县），这些谣言鱼龙混杂，让人不知所以然。为了一探究竟姜维特地带着兵马从广汉和郪道撤退。没有多长时间就接到后主的敕令，于是纷纷放下武器，解除甲胄，率领手下的兵将在涪县的钟会军营里投降。蜀国的将士听说了这件事都愤怒不已，以至于拔出锋利的刀子朝石头砍去。

钟会将姜维等人视为座上宾，将他们的印号节盖礼貌地交还与他们。为了显示对他们的重视，钟会和姜维出外就坐一辆车，在同一张席上就坐，他曾经对长史杜预说过这样的话："伯约和中原名士比起来，不论从哪方面说，他都胜公休（诸葛诞）、太初（夏侯玄）一筹。"

后来邓艾遭到钟会的陷害，朝廷下诏将邓艾关在槛车里即日押送入京。因为把眼中钉肉中刺拔去了，钟会把姜维等人带到了成都，在当地给自己封了一个称号：益州牧，与魏朝政权对峙。钟会意图让姜维带领五万名军队，让他作以后征战中的先锋。忠于魏朝的将士对他们的所作所为忍无可忍，将钟会和姜维一并杀害，姜维的妻儿也难免杀身之祸。

郤正著论论姜维说："姜伯约身为上将，可谓一人之下，万人之上；但他家徒四壁，财产也少得可怜，他也不花钱养妾侍寻欢作乐，后庭内也毫无可供消遣的乐队与伶官，他对衣着要求不高，能够将就着够穿就足矣，对出门乘的车马只是整齐就能满意，起居吃饭也克制节俭，毫无奢侈浪费的习惯。在我们眼中他这样压抑自己欲望的行为，不懂得去体味生活的人，不是说有多么高尚的目的：给贪官污吏以棒头一喝，而是，在他眼中认为这样生活就足矣了，无欲亦无所求罢了。平凡的人常常是仰视那些成功人士，附和他们的主张，对于那些失败的人，则嗤之以鼻；对地位高的人溜须拍马，对地位低的人不屑一顾。他们认为姜维的死是死有余辜，死了还被株连九族，对整个事情的来龙去脉不再刨根问底，这与《春秋》中所规定褒贬的原则简直相差甚远！姜维的勤勉好学、勤俭节约、洁身自好，在当时可以说是世人的表率。"

再看看那些跟姜维同时臣服于蜀国的人，梁绪成为了大鸿胪，尹赏官至执金吾，梁虔也不相上下地担任大长秋，不过他们都没有目睹蜀的灭亡，都早早离世了。

陈寿评论说："姜维其实算得的上是文武双全的，他曾经立志成为一员大将，建功立业，但是他擅自动用军队，又因为判断力有失准确，最后的下场让人惨不忍睹。老子书上有句话说：'治理大国就好像煎小鱼一样，不能随便去扰乱翻动它。'更何况是一个蜀国，怎么会经得起频繁的动乱呢？"

第十一章

神速制敌的军界奇才——夏侯渊

名将档案

☆姓名：夏侯渊

☆别名：夏侯妙才

☆民族：汉族

☆出生地：沛国谯县（今安徽亳州）

☆出生日期：不详

☆逝世日期：公元 219 年（己亥年）

☆主要成就：官渡督粮、平定凉州

☆封爵：博昌亭侯

☆谥号：愍侯

☆生平简历：

公元 189 年，曹操在陈留起兵，夏侯渊以别部司马、骑都尉职从曹操。

公元 196 年，迁为陈留太守、后又迁颍川太守。

公元 200 年，夏侯渊担任督军校尉之职。

公元 201 年，夏侯渊与张辽奉命率军出战，击溃昌豨，因功拜典军校尉。

公元 206 年，夏侯渊出其不意击败昌豨的部队，并将昌豨斩杀，被拜为典军校尉。

公元 211 年，夏侯渊担任代理征西护军职，与曹操等人一起迫使占据安定地区的叛军首领之一杨秋投降。

公元 212 年，夏侯渊担任代理护军将军之职，统帅朱灵、路招等人在长安镇守。

公元 213 年，夏侯渊率领部众击败马超集团。

公元 216 年，夏侯渊担任征西将军，镇守汉中，并增封食邑三百户，加之前所封共八百户。

公元 219 年，夏侯渊战死沙场。

人物简评

夏侯渊是曹魏的名将，在曹魏集团的发展与壮大的过程中起到了非常巨大的作用。虽然在后来出现的大多数文艺作品当中，夏侯渊被塑造成了一个非常平庸的将领，然而，在真实的历史中，夏侯渊在曹魏武将群中所发挥的作用是相当罕见的。他不但在曹操统一中原地区的很多战争中都表现出了杰出的能力，而且在后来镇压凉州割据势力反叛的战争中也是独当一面，极其出色地完成了曹操所交代的任务。

不过，如此优秀的将领最后在汉中定军山一战中却在老将黄忠手中丢了性命，但是在夏侯渊死了之后，刘备方面却派人厚葬了夏侯渊，几十年之后，蜀汉的皇帝刘禅还亲自向夏侯渊的儿子——夏侯霸解释当年夏侯渊身死的原因。这充分地体现出了夏侯渊这位著名将领的与众不同。

曹操曾经说道："宋建造为乱逆三十余年，渊一举灭之，虎步关右，所向无前。仲尼有言：'吾与尔不如也。'""为将当有怯弱时，不可但恃勇也。将当以勇为本，行之以智计；但知任勇，一匹夫敌耳。"

生平故事

早年的经历

关于夏侯渊早年的情况，西晋史学家陈寿在《三国志·夏侯渊传》中有过一些记载，夏侯渊是夏侯惇的同族兄弟。与夏侯惇相比，他和曹操的关系要更加亲密一些，因为曹操的小姨子就是他的妻子，如果论起辈分来，夏侯渊还是曹操的连襟。在夏侯渊早期的经历当中，有两个比较详细的记载，这也让我们对夏侯渊的事情有了一个大概的了解。

第一个是在《三国志·夏侯渊传》中提到的，曹操在做官前曾经在谯县犯过法，所以要被县吏治罪，这个时候，夏侯渊主动站出来帮曹操顶了罪，才使得曹操得以脱险，而夏侯渊则被抓进了监狱中。后来，曹操竭尽全力疏通了各种关系才使得夏侯渊免除了死罪。但这个记载不管是从时间，还是事由都没有更进一步的介绍。

第二个是《魏略》当中的另外一个记载，说是夏侯渊青少年时期正是兖州与豫州政局十分混乱、粮食歉收的时候，夏侯渊宁可放弃自己的亲生孩子不顾，也要尽一切可能地去抚养自己已经死去的弟弟的孩子。

如果把这两个记载串在一起，我们就能够得出这样一个推测：夏侯渊曾经为曹操顶罪而被关进了监狱，给曹操很多帮助。曹家当时在谯县也可以算是一个家族，财力非常雄厚，而夏侯渊竟然没有办法同时抚养两个孩子。这已经充分说明夏侯渊和曹操早年的关系并没有由于这场婚姻的关系而拉近多少，而这也许是日后曹操对夏侯渊十分器重的一个原因：感觉自己欠了夏侯渊的。

夏侯渊参加曹操集团的时间和他的堂兄夏侯惇是一样的，都是在曹操率兵反对董卓的暴政后开始的。他担任别部司马、骑都尉等职务。

从夏侯渊的早年经历来看，曹操在对夏侯渊的锻炼与培养等方面，采取了与对他的堂兄夏侯惇稍微有所不同的办法，尽管都是担任军职，然后再转入地方负责管理工作的，然而，夏侯渊的重点却是在地方上。所以，夏侯渊前后担任过陈留、颍川两郡的太守。直到曹操与袁绍展开官渡之战的时候，夏侯渊也仅仅兼任了一个代理督军校尉之职，所从事的事情也只不过是后方驻军的日常管理工作。

官渡之战结束后，夏侯渊又成为了负责监督兖州、豫州以及徐州军粮调运的指挥官，对曹军军粮供应起到了非常关键的作用，因为夏侯渊非常出色地使粮草的调运得以保障了，使得曹操的军队在后来的平定河北的战争过程中极少出现粮草告罄的现象，这对于曹军士兵的士气可以说是一个非常大的鼓舞。但是，即便是到了这个时候，夏侯渊在军事方面的才能依然没有得到一丝一毫的发挥。

直到公元201年，徐州爆发叛乱，曹操终于想起还有一位名叫夏侯渊的连襟，于是，就派他与张辽一同合力向昌豨发起进攻，夏侯渊在军事方面的才能终于得以崭露头角。

平定叛乱

夏侯渊首次作为军中的主帅在战场上出现，应对的是叛军昌豨。昌豨本来是徐州地方豪强之一。吕布将刘备赶走占据徐州的时候，昌豨与臧霸、孙观、吴敦以及尹礼等徐州豪强一同投奔了吕布；而当曹操将吕布斩杀之后，这几个人又转而向曹操表示投降。那个时候，曹操正在专心地准备着与袁绍在官渡将要进行的决战，对于这班人都使用了利诱与拉拢的手段，分别给予他们几个人以不同的官位，使他们在徐州地区的地位得到了保障。

不过，这个昌豨似乎对于在曹操手下老老实实地做事并不满意，在官渡之战刚刚开始的时候，他就在徐州投降了刚刚杀掉徐州刺史车胄的刘备，公开举起了反抗曹操的大旗。不过，这个时候的刘备实力还是非常弱的，在曹操的连番打击之下很快就跑到了徐州前去投奔荆州的主人——刘表，只留下了昌豨这一支叛军在徐州负隅顽抗。

对于这个多年在徐州盘踞的地方豪强，尽管曹操用尽一切办法，但是却仍旧没有办法将其彻底地击溃。就在这个时候，夏侯渊出现了，来到了徐州地区，来到了昌豨叛军的面前。

也许是初临战阵，夏侯渊的作战经验与作战特点都还没有成熟，围攻昌豨好几个月不仅没有取得什么重大的战果，反而弄得大军粮草用尽，处境变得异常艰难。或许是感觉距离胜利已经是遥遥无期了，夏侯渊心中就有了撤军的意思。

这个时候，张辽坚持认为此时的昌豨也已经筋疲力尽，并且有了投降的意思，应当派遣使者前去与其进行谈判，争取尽快将战事解决掉。在张辽的强烈坚持下，夏侯渊派出使者和昌豨尽心谈判，并且成功地诱使昌豨出城与张辽相见。

二人见面之后，张辽晓之以理、动之以情，之后又孤身犯险，单枪匹马来到了三公山上昌豨的巢穴，并且拜见了他的一家老小。张辽的冷静与沉着最终深深地感动了昌豨，之后他跟随张辽一同拜会曹操表示愿意归降。作为沙场新人，夏侯渊能够接受张辽的正确意见，并且最终促成了叛军的归降，曹操在心中对此自然会牢牢地记住了。于是，夏侯渊才能够继续在军中效命。

没过多久，在徐州济南和乐安地区发生了叛乱。这起由黄巾余党徐和与司马俱等人发起的叛乱一爆发，曹操就命令夏侯渊和泰山太守吕虔一起去镇压。在平定叛乱的过程中，夏侯渊再次展现了自己非凡的军事才能。

当时徐和的叛军挟持着被俘的官员，向城池发起进攻。为了能够尽早将这批叛军消灭掉，夏侯渊与吕虔将驻守在泰山、齐国和平原等地的地方留守部队集中起来，与叛军进行了大大小小几十场战争，才将这场叛乱平定，并斩杀了叛军的首领徐和，斩首、俘获叛军数千人。夏侯渊在战场上的出色表现很快就引起了曹操的高度关注。为了能够继续鼓励夏侯渊，曹操毫不吝啬地授予了他典军校尉的职位。

经过多次战争的历练，夏侯渊已经慢慢形成了自己独特的作战风格和特点。在《魏书》中的记载，如果遇到战事紧急的情况，夏侯渊经常会以极快的速度出其不意地出现在敌人的面前，因此在当时军中有夏侯渊的军队"三日行军五百里，六日行军一千里"的说法。

现在看来，夏侯渊无疑是一个发起闪电战的专家，在急行军方面表现得十分出色。除此之外，夏侯渊军队的机动性和隐蔽性也很出色。看到夏侯渊的成长，曹操自然也是高兴得不得了。没过多久，曹操又给夏侯渊提供了一次历练的机会，让他去参加一次徐州的剿匪之战，而这一次夏侯渊的对手依然是那个不怎么安分的昌豨。

昌豨在向曹操投降之后没有过多久就后悔了，再一次发动了叛乱。曹操首先派出大将于禁前去讨伐，令人意想不到的是，于禁居然没有能够取得胜利，曹操想起了之前在与昌豨对阵当中获胜的夏侯渊，就让夏侯渊率领部众和于禁一同向昌豨发起进攻。

这个时候的夏侯渊可以说是信心满满，自然不会把昌豨当成一回事儿，几次进攻下来就把昌豨的部队打得丢盔弃甲，昌豨在万般无奈的情况下不得不再一次向魏军投降，结果却被于禁给斩杀了，到此，为祸徐州好几年的豪强昌豨彻底地灰飞烟灭了。

经过这几次的战场磨炼之后，夏侯渊的军事才能不仅得到了充分的展现，而且曹操也开始对夏侯渊青睐有加。到了赤壁之战爆发的时候，夏侯渊已经被委任为代理领军这样的职务，成为了曹操营帐中手握重兵的主要将领之一。

赤壁之战爆发之后的第二年（公元209年），夏侯渊接受命令前往庐江地区镇压雷绪发起的叛乱，之后被曹操提升为代理征西将军，率领徐晃等人对太原郡的叛军发动突然袭击。在夏侯渊的指挥之下，曹操的军队很快就将二十多支叛军武装打败了，并且杀死了叛军首领商曜，使得太原郡以及周边地区的局势得以稳定，为曹操在赤壁之战惨败后稳定内部局势起到了关键性作用。

消灭两大割据势力

倘若说夏侯渊在徐州、庐江、太原的出色表现只是小试牛刀的话，那么不久之后的关陇之战，则让夏侯渊名震天下，并且从此进入了三国时期著名将领的行列。

汉末时期凉州的局势非常复杂，经过汉代中后期的"三通三绝"、韩

遂之乱以及韩马割据后，凉州地区和中央政府之间的关系实际上已经变得十分疏远，黄巾之乱爆发后，东汉朝廷事实上早已经没有能力顾及凉州地区，对于凉州地区的纷繁复杂的局面，朝廷更是鞭长莫及、无可奈何了。

这种局面一直延续到了曹操专权时期。为了保证自己可以尽快将北方地区统一，曹操不得不对以马腾、韩遂为首的凉州割据势力采用拉拢、利诱的方式。但是，即使是这样，也没有办法保证凉州地区的稳定。

公元211年，曹操借口征讨汉中军阀张鲁，派出了司隶校尉钟繇率领三千精兵进入关中地区，并且派出夏侯渊率领大军在后面策应。凉州各路军阀在知道曹军进入的消息之后，快速地组成了以韩遂、马超为首的十路联军，并且纠集了十多万大军在潼关一带摆开了阵势，打算与曹操的军队进行一场战略决战。

曹操知道这个消息之后，也立即调兵遣将，与韩遂、马超等人展开了一场关乎生死存亡的较量。这个时候，已经是控制了大量兵马的夏侯渊则作为曹操军中一支最重要的力量加入了关陇战场。

关陇之战刚开始的时候，夏侯渊奉命在渭南地区与叛军展开了一场非常激烈的战斗，后来又率领朱灵等人平定了隃糜、汧县的氐人，与曹操在安定会师，逼迫占领安定地区的叛军首领之一杨秋最终投降了。

公元212年，曹操返回邺城，在临行之前，曹操任命夏侯渊担任代理护军将军之职，统帅朱灵、路招等人在长安镇守，这也就意味着这个时候的夏侯渊已经成为了曹操在凉州地区的最高军事长官。而这个时候的凉州军阀尽管在潼关一战当中受到了很大的创伤，但是实力还是存在的，任何时候都极有可能死灰复燃。

在这样的情况下，曹操能把凉州地区剿匪的重任交到夏侯渊的手上，这也是对他的军事才能的一个充分肯定。而后来事实也证明，对于曹操的殷切期望，夏侯渊最终并没有辜负，出色地完成了曹操交代的任务。

夏侯渊屯兵长安没有过多久，就亲自率领部众打败了南山叛军刘雄，随后又在鄠县地区将叛军的首领韩遂的余党兴团团包围住。在郑浑的配合之下，夏侯渊很快就将鄠县夺了过来，并且将梁兴斩杀。曹操听说这个消息之后非常高兴，为了奖赏夏侯渊，加封他为博昌亭侯。

公元213年，马超叛军东山再起，占据了关陇部分地区，并且把凉州刺史韦康包围在冀城。冀城被破前夕，夏侯渊的大军才急匆匆地从长安赶到了冀城，而当夏侯渊来到距离冀城二百里的时候，又遇到了马超叛军的阻截，战事不利，再加上汧县氐人趁着这个机会作乱，夏侯渊担心有失，在不得已的情况下撤回了长安。

马超通过兼并陇右地区其他的割据势力，自身的力量得到了非常大的恢复。位于略阳的氐王千万造反，又与马超形成了遥相呼应之势。与此同时，汉中军阀张鲁也派遣兵将对马超的叛乱进行支援与帮助，也为马超部队增加了有生力量，一时之间，凉州的局势变得有点儿扑朔迷离。

作为曹魏在凉州地区最高的军事长官，面对这样的困难局面，怎样将这个不利形势扭转，就成为了摆在夏侯渊面前最大的一个难题。就在夏侯渊苦苦思考，寻找破敌之策的时候，凉州局势忽然就发生了逆转，这就给了正处于烦恼中的夏侯渊一个不可多得的天赐良机。

同年九月，参凉州军事杨阜找到了驻守历城的抚夷将军姜叙，利用自己和姜叙少年时期非常要好的关系，说服姜叙一同对抗马超。杨阜与姜叙一同袭击卤城，赵昂、尹奉等进据祁山。紧接着，杨阜与韦康的故吏梁宽、赵衢等人进行联合，来了一个里应外合，将马超在冀城的家眷全部杀死，并且把马超从冀城赶了出去。随后又在历城击溃了马超集团。就这样，在凉州地区猖狂数年的马超集团突然就被从凉州赶了出去，在不得已的情况下投靠了汉中军阀——张鲁。

这个的突发事件成为了夏侯渊迅速将凉州地区控制在自己手中的一个很大的契机。

公元214年，马超从汉中张鲁手中借了一些兵马杀回了凉州，并且围困祁山，在这个地区镇守的姜叙向夏侯渊请求救援。

不少将领认为应当将情况向曹操请示后才可以行动，但是夏侯渊却认为："主公远在邺城，从长安往返有四千多里的路程，等到指示传达回来了，姜叙一定早已经失败了，很显然，这不是一个救急的好办法。"于是，夏侯渊非常果断下定决心，由大将张郃率领步骑五千作为先锋，由陈仓狭道进入，夏侯渊自己则督运粮草殿后。张郃大军来到渭水地区的时候，马超率领叛军前来阻挡，但是在交战之前，马超知道夏侯渊的主力部队很快就会赶到，心中非常惊讶，还没有来得及交战就急急忙忙撤退了，就连军需物资都没有来得及带走。

就这样，夏侯渊的果断行动终于将马超吓跑了，本来被马超占据的各个县郡，也都重新回到了夏侯渊的控制之下。从此之后，马超集团的残余势力再也不敢踏入凉州一步。

赶走了马超之后，韩遂，这个凉州地区另外一个割据势力的首领就马上成为了夏侯渊要灭掉的首要目标。

那个时候，韩遂余部正在显亲地区驻扎，听说夏侯渊将要对自己的部队发动袭击之后，韩遂望风而逃，夏侯渊就将韩遂的军粮收缴了，并且乘胜追击来到了略阳，这个地方距离韩遂军队的大营仅仅只有二十多里。

这个时候，有将领建议马上发动进攻，也有很多将领认为应当首先向兴国的氐人发动攻击。面对部下的不同意见，夏侯渊经过深思熟虑之后，力排众议，出人意料地作出了向长离发起进攻的决定。

夏侯渊表示："韩遂的军队非常凶猛剽悍，而兴国的城池相当坚固，一时之间很难攻破。长离一带的羌族部落是韩遂军队士兵的主要来源之一，倘若向长离发起进攻，韩遂军中的长离羌族士兵就必定会逼迫韩遂前去援救。一旦韩遂的军队离开了坚固的城防开始野战，就必定可以战而胜之。"

后来，事实的发展也真的就像夏侯渊预料的那样。夏侯渊留下了一部分部队守卫营寨，主力轻装前进向长离发动进攻，将羌人村寨焚烧掉，斩杀、俘虏了很多留守长离的叛军。韩遂听到这个消息之后马上派兵对长离进行救援，与夏侯渊军队形成了对峙的状态。

面对人数众多的凉州叛军，很多将领认为敌强我弱，不应该主动发起进攻而应当挖堑筑营，避敌锋芒。这时又是夏侯渊站出来极力主张只有一鼓作气才能够将韩遂的部队打败，倘若采取固守的策略一定会遭到失败。于是，夏侯渊命令部下击鼓出战，将士们强忍着疲劳勇猛进攻，终于将韩遂的部队打败，并且夺得了韩遂的战旗。

在取得长离之战的胜利后，夏侯渊乘胜追击，没有过多久就包围了兴国，氐王千万在抵挡不住的情况下不得不逃往了汉中地区，其余部众向夏侯渊投降。紧接着，夏侯渊又转而向高平县的匈奴族屠各部发起进攻，迅速地将该地的叛乱平定了。到这里，凉州地区最强大的两支割据势力，即马超与韩遂相继被夏侯渊消灭了。

河首平汉王宋建

夏侯渊成功地剿灭了叛乱，也成功地打破了一个人的梦，那个人就是河首平汉王宋建。历史上对这个人的记载并不多，只在《后汉书》及《三国志》等史籍中有零散的记载。

在相关史料中，对宋建这个人的早期经历并没有过多的记载，甚至连生年和表字都难以查阅。唯一一条与他早年经历有关的记载出现在《后汉书集解》注引《献帝春秋》中，文中写道："凉州义从宋建、王国等反。"由此我们可以分析出，这个宋建很可能是凉山一带的少数民族。

在凉州割据势力中，宋建是比较早开始反叛的一位，甚至比韩遂还要早一点。根据《三国志·武帝纪》中的记载："初，陇西宋建自称河首平汉王，聚众袍罕，改元，置百官，三十余年。"由此我们不难推测出，这个宋建称王的时间应该在公元184年左右。可能是因为称王时间较早，宋建所建立的政权根基很稳，即使在凉州局势十分混乱的数十年里，宋建所建立的政权也没有因此覆灭，这说明宋建本人还是有一定能力的。

不过"既生瑜何生亮"，夏侯渊的出现让宋建本来很稳固的政权就此覆灭了。

综合《三国志》与《后汉书》的记载，夏侯渊消灭宋建以及其所建立政权的大体过程应该是这样的：

公元214年10月，夏侯渊在将韩遂主力部队击溃之后，立即从兴国出发，向盘踞枹罕地区的宋建发起了猛烈的进攻。尽管宋建已经在这个地区盘踞数年了，占据着地利人和的优势，但是战事的进展却向着有利于夏侯渊的方向发展。通过一个多月时间的战斗，夏侯渊大获全胜，不仅将枹罕地区拿下，而且还斩杀了宋建以及其设置的很多官吏，夏侯渊将这个盘踞枹罕地区三十多年的独立小王国彻底扫平了。

宋建集团的覆灭，意味着经过夏侯渊好几年的艰苦努力，为祸凉州近百年的割据势力从此从历史的舞台中退了出去，凉州的百年战乱终于得以平息了。这也难怪曹操在知道夏侯渊消灭宋建的消息后表现得非常兴奋，并且亲自给夏侯渊颁布了一道嘉奖令。曹操在嘉奖令中说道："宋建造反作乱已经长达三十多年的时间了，而夏侯渊一举将宋建集团消灭，可以说是虎步陇右，所向无前。就像孔子以前所说的：'我和你们都不如他呀！'"

夏侯渊在凉州地区剿匪的大获全胜，不仅得到了曹操的高度认可与称赞，而且还使夏侯渊本人在凉州各民族中树立了巨大的威信。

根据《三国志·夏侯渊传》中介绍，后来曹操每一次与凉州各少数民族的代表见面的时候，都会专门叫上夏侯渊以壮声势，由此可见，夏侯渊的威名那个时候已经响彻了整个凉州。而夏侯渊在凉州的战争中的整体表现，也能够让曹操放心大胆地继续在凉州镇守，维护那个时候的稳定。

从此之后，夏侯渊已经成为了曹氏（曹操）集团中镇守西北边疆的不二人选。所以，在曹操将汉中军阀张鲁收降之后，就任命夏侯渊担任代理都护将军之职，全权负责汉中地区的防务。夏侯渊的对手，就成为了刚刚占领益州没有多久的枭雄——刘备。不过，令人想不到的是，汉中地区居然成为了夏侯渊这位曹魏著名将领的葬身之地。

战死沙场

从公元217年开始，夏侯渊就与刘备杠上了。

在《三国志·武帝纪》中记载，在这一年，刘备派遣张飞、马超、吴兰等让其颇为得意的将领在下辨屯兵驻守，曹操则派遣曹洪与曹休、辛毗一同前去抵御。这个时候，奉命在汉中地区镇守的夏侯渊也调整了汉中地区的部署。夏侯渊派出大将张郃在广石屯兵驻守，自己则驻防阳平关，与张郃形成了犄角之势。

这一年的三月，曹洪将张飞所部打败，将大将吴兰斩杀，而夏侯渊麾下的大将徐晃则是将陈式所部击败，取得了汉中争夺战的首次胜利，战争的规模随之进一步扩大。刘备一边加紧汉中的进攻部署，一边从益州调遣兵将对汉中前线进行增援。而曹操在知道汉中战事吃紧的消息之后，担忧汉中有失，也在当年九月率领大军来到了长安，成为了夏侯渊大军的后援。

公元219正月，刘备的军队由阳平关南渡汉水，并且在阳平关东南方的定军山安营扎寨，而夏侯渊也亲自率领大军和刘备形成了对峙之势。两军很快就展开了一场非常激烈的战斗。刘备命人连夜发起进攻，在夏侯渊军队驻守的走马谷大营之外十五里处的防御阵地上发起突然进攻。夏侯渊命令张郃守卫东围，自己则负责南围。这个时候，刘备已经将南围的防御工事烧毁了。夏侯渊命令手下立刻救火，并且重新布置防御工事。就在此时，刘备派出大将黄忠展开突然袭击，夏侯渊猝不及防，最终被黄忠斩杀。

不过，关于夏侯渊死亡的说法，在历史资料的记载中并不统一，让

人很难知道那个时候的确切情况。

根据《三国志·夏侯渊传》记载，夏侯渊是由于张郃与刘备交战不利而派出了自己身边一半的兵力去帮助张郃，因而导致自己力量变得十分虚弱而被黄忠钻了空子。刘备乘虚而入，黄忠一马当先斩杀了夏侯渊。但是在《三国志·黄忠传》中则说，夏侯渊身边的将士是曹操军队的精锐，战斗力非常强，而黄忠则指挥着军队一往无前，一战就将夏侯渊斩杀了。除此之外，还有一个记载则更是令人感到费解，在《魏略》中，后主刘禅给出了这样的答案：夏侯渊是死在乱军之中的。那么，夏侯渊究竟是如何死的呢？

这个曹操颇为看重的将领到底是怎么死的。我们在《军策令》中找到了答案。在这个《军策令》中记载称：当时，夏侯渊被敌军点燃了鹿角（一种防止敌军骑兵进攻的防护措施），而这个鹿角距离军营只有十五里。夏侯渊觉得情况十分严重就带着四百兵士前去查看，并派人赶紧修复鹿角。

敌军在山上远远望见之后，就从山谷中突然杀了出来，夏侯渊立即派兵前去迎战，敌军却绕到了夏侯渊的后面，准备包围夏侯渊及其士兵。经过一番恶战之后，一部分士兵成功地突围出来了，但是，夏侯渊却没有出来，被敌军杀死。

从这段记载中，我们不难看出，这次斩杀夏侯渊是一次有预谋、有计划的行动。那么到底是谁策划了这场精彩的斩首行动呢？根据《三国志·法正传》的记载，策划此次行动的正是刘备的谋士——法正。文中记载称："夏侯渊向定军山发起进攻的时候，法正就建议刘备马上发起进攻。刘备听从法正的建议，命令黄忠迅速地占领了高地，之后使计，一鼓作气将夏侯渊斩杀。"但是，在《三国志·黄忠传》中却有着另外一个不同的说法。该传则是把斩杀夏侯渊的功劳放到了黄忠的身上。到底孰是孰非，如今还没有一个确切的答案，也只能说是一个疑案了。

夏侯渊战死沙场之后，刘备并没有将他的尸体拿来示众，当然也没有将它送还给曹操。夏侯渊的尸体最终被张飞的夫人给厚葬了。这又是怎么一回事呢？原来，这当中还有一个非常有趣的联系。

原来，尽管张飞与夏侯渊在战场之上是仇敌，但是他们在私底下却是亲戚关系。根据《魏略》的记载，大概在公元200年，夏侯渊的一位堂侄女在外出打柴的时候被张飞相中，张飞认为她是一个良家女子，就直接把她接回了自己军营，娶了她做妻子。那个时候，夏侯渊的这位堂侄女只有十三四岁年纪。在知道自己的堂叔死在汉中的消息之后，她就请求刘备将夏侯渊给厚葬了。

公元249年，当夏侯渊的儿子——夏侯霸在被迫的情况下逃往蜀国的时候，后主刘禅还亲自接见了夏侯霸。刘禅还告诉夏侯霸，夏侯霸的父亲夏侯渊是死在乱军当中的，并不是刘备亲自动手斩杀的。为什么要这样大费周折呢？理由其实非常简单。张飞和夏侯夫人所生的两个女儿都嫁给了刘禅，成为了他的皇后与妃子，这样算来，后主刘禅又成为了夏侯霸的堂妹夫。

曹操心中的夏侯渊

在曹操的心目中，夏侯渊究竟是一个什么样的武将呢？

史料记载中有一个截然相反的版本，一个是上文所提到的曹操颁发的嘉奖令中，将夏侯渊说成"虎步陇右，所向无前"，而另外一个就是曹操在《军策令》中指出的"渊本非能用兵也，军中呼为'白地将军'"。

所谓的"白地将军"，指的就是那些不善于领兵作战的将军。一个可以"虎步陇右，所向无前"的将军怎么可能是一个"白地将军"呢？很显然，这一点是说不通的。倘若单纯地从夏侯渊一生作战经历来看，夏侯渊不但作战勇猛，而且用兵神速，非常善于打运动战与闪电战，而且也颇为精通避实击虚的谋略。由此来看，夏侯渊分明就是一个智勇全双的将领。为什么曹操对于夏侯渊的评价会出现前后矛盾的现象呢？

有的学者认为，出现这样情况的根本原因，是曹操因为自身的面子问题。夏侯渊不仅与自己是亲戚关系，还是自己的嫡系将领，当然，更是曹操统领的曹氏集团中的一员猛将。

按照常理来说，曹操应当会为夏侯渊之死做一些辩护的，可是，曹操一生的败笔就在赤壁与汉中。前者使得曹操失去了迅速统一全国的良好时机，后者则令曹操丧失了汉中这块进攻益州刘氏（刘备）集团的跳板。赤壁之战失败之后，曹操借着哭郭嘉把所有的责任都推卸给了自己手下的谋士；而汉中的失利，曹操也没有对自己没有派遣兵将前去汉中进行支援，而长时间呆在长安观望的失误进行检讨，只是一味地把责任都推给了这个已经在沙场之上战死的大将——夏侯渊身上，这怎么看怎么显得有些不厚道。要知道夏侯渊曾经可是为曹魏集团作出过非常重大的贡献，是结束凉州百年之战的功臣啊！

除此之外，从夏侯渊一生的战绩来看，他的攻击力显然要比防守能力更强，属于一把非常锋利的矛，但是却不一定是坚固的盾，曹操把他安排在汉中作为抵御刘备进攻的盾来使用，似乎是犯了后来与诸葛亮在街亭派出擅长谋略而拙于阵前厮杀的马谡相同的错误！

夏侯霸投蜀

夏侯霸，字仲权，夏侯渊次子，应该叫曹操为姨父。因为夏侯渊被刘备所害，所以夏侯霸对蜀国恨之入骨，他发誓要为父亲报仇。

黄初年间，夏侯霸任偏将军，子午（今陕西长安西南）之战中，夏侯霸被任命为先锋，率军到兴势山（今陕西洋县北）的山谷中，在此安营扎寨。蜀国知道后，就派兵来攻打他。夏侯霸与蜀军在山谷激战，最后杀出重围，打败蜀军。后来夏侯霸被任用为右将军，驻军陇西（今甘肃陇西一带），在此期间他体恤士卒，安抚外族，深得人心。

夏侯霸一向为曹爽所厚爱，正始年间，他取代夏侯儒任征蜀护军，被封为博昌亭侯。夏侯霸率军西征,当时征西将军夏侯玄是夏侯霸的侄子,同时又是曹爽的表弟。司马懿诛杀曹爽时,征召夏侯玄前去援助。夏侯玄于是向东而回。

夏侯霸听说曹爽被杀,夏侯玄又被召回,心生恐惧,只怕灾祸会牵连到自己身上。又因为夏侯霸以前和雍州(今陕西西安西北)刺史郭淮有过矛盾过节,而此时郭淮代替了夏侯玄的职务征西,他唯恐郭淮会公报私仇,于是他心中更加不安,一路奔逃到了蜀国。

在南去蜀国的路上,夏侯霸在阴平(今甘肃文县西)迷路,在山谷之中徘徊,粮食也快没有了,人马疲惫不堪,于是叫人去问路,不知身在何地。蜀国听说这个消息后,马上派人来迎接夏侯霸。夏侯霸有个堂妹在本地,为张飞之妻,生下一女做了刘禅的皇后。所以在夏侯渊战死之后,张飞的妻子就请求安葬他。夏侯霸来到蜀国后,刘禅与他相见,解释说:"你父亲是战死,不是我的先人杀死了他。"然后又指着自己儿子说:"这是你们夏侯氏的外甥。"并对夏侯霸大加封赏。

夏侯渊的终结者黄忠

黄忠本是荆州的一名中郎将,在当时属于一个高级军官。黄忠本是刘表的部下,建安十三年的时候,曹操带兵攻打荆州,刘表病死,他的儿子将荆州拱手让给了曹操,黄忠也成为了曹操手下的降将。

曹操念黄忠是个人才,临时任命他为裨将军,仍然驻守原地,统归长沙太守韩玄管理。因此,在赤壁之战中,黄忠并没有参加,只是做了一名战争旁观者。

曹操在赤壁之战中战败,荆州的大部地区也陷入了权力的真空状态。此时的刘备集团便乘机和孙吴集团达成了协议,开始向荆州的南部进军,并且很快就攻占了荆州以南的很多地区,其中就包括黄忠所在的长沙郡。这个时候的黄忠只得易主,投靠了刘备。事实上,根据史书的记载,刘备对长沙的占领并没有发动战事，属于和平解决，而黄忠也在中间起到了不小的作用。

建安十六年年底，刘备答应了益州牧刘璋的邀请，带领军队进入了益州，而此时的黄忠也已经成为了刘备大军中的一员。

很多人都认为黄忠能够跟随刘备入川是刘备对其能力的一个认可，其实该观点也未必正确。根据刘备当时的人员配置来看，此次刘备带领入川的人员大多都是刘备在荆州时期所吸收的文武人员，而真正的刘备嫡系人员和将领大都留守荆州。虽然刘备的这一举动并不能说明什么问题，但至少可以看出刘备对于自己革命大本营的安危还是十分看重的，因此才将自己的心腹大将全部留在了荆州镇守。

建安十七年，张松写给刘备的密报被他的兄长张肃截获并且将其交给了刘璋，因此刘备的阴谋被曝光，刘备和刘璋之间的关系开始恶化，两个人反目成仇，益州争夺战也不可避免地爆发了。刘备斩杀了刘璋的大将杨怀等人，然后派遣黄忠和卓膺带领军队南下，向刘璋的根据地发动进攻。不久，黄忠所带领的一队人马在刘备的率领下攻占了涪县地区，同时与刘璋派来的大将冷苞、刘璝、邓贤和张任等人展开了激战。黄忠带领部下奋勇抗击，刘璋的军队遭受了重大损失，最终退守到绵竹。随后本是奉命增援的李严军队又投降了刘备，致使一时间刘备的实力大增，很快就向益州的腹地展开了大的攻势。

益州之战，黄忠的勇猛已经表现了出来，成为了刘备集团中小有名气的一员将领。随后爆发的汉中之战，更是让黄忠的才能尽显，成为刘备集团的一员名将，此战就是大家耳熟能详的定军山之战。

公元218年，刘备带兵进攻曹操所在的领地汉中，曹操手下大将张郃带兵攻打刘备的葭萌关，诸葛亮对刘备说，目前帐下能够对付张郃的也只有张飞了。可是黄忠却不服气，说自己也可以。

于是，诸葛亮便任命黄忠为主将，严颜为副将，前去对付张郃。那个时候，刘备帐下的人根本就不相信黄忠这个老将的实力，而只有诸葛亮心知黄忠是个难得的将才，所以才使用了激将法，让黄忠自己站出来对付张郃。

刚开始，张郃因为过度轻敌，使得首战失败，曹洪得知后，又派遣大将夏侯尚和韩浩前去支援张郃，这个时候，张郃也开始重新审视黄忠，不敢轻敌。曹军再次袭来，韩浩和夏侯尚二人对战黄忠，黄忠撤退，到了第二天又带兵来战，黄忠又败退而走，这下令张郃起了疑心，觉得其中可能有诈，可是夏侯尚却认为张郃是嫉妒他的才能，所以并不理睬张郃的建议。

后来，黄忠一直败退到葭萌关之上，刘备得知后，派遣大将刘封前来支援黄忠，黄忠对刘封说，这些都只是他的计谋而已。

到了晚上，黄忠带兵袭击下关，而夏侯尚和韩浩因为轻敌，没想到黄忠会袭击下关，张郃、夏侯尚和韩浩三人败退到天荡山，和夏侯德会和。而黄忠和刘封便带兵追到了天荡山，韩浩和夏侯德出兵迎战，黄忠将韩浩杀死，张郃、夏侯尚二人带兵支援，忽然看到山后火光大起。

原来，已经消失多日的严颜被黄忠派遣天荡山的后面，放火烧山。在混乱中，夏侯德被严颜杀死，张郃和夏侯二人只能去投靠在定军山的夏侯渊。

黄忠在此战中，大胜而归，诸葛亮又派遣黄忠和法正带兵攻打夏侯渊，而且还暗中派遣赵云前去支援。夏侯渊求胜急切，不听张郃的劝说，派遣夏侯尚下山出战，黄忠则是派遣陈式出战，夏侯尚假装败退，陈式追击，夏侯渊则是从中出袭，俘虏了陈式，黄忠和法正心知自己的军队暂时处于劣势，便想了出"反客为主"的计谋，步步为营，不再派兵出战。

夏侯渊这里可是等不了了，他派遣夏侯尚带兵主动攻打黄忠，不幸被俘。于是，黄忠和夏侯渊二人约定，要交换俘虏，两人交换后，黄忠还射了夏侯尚一箭，夏侯渊心中大怒，叫嚣着要和黄忠单挑。二人大战了二十多回，曹军突然鸣金收兵。原来，夏侯渊担心黄忠会有埋伏，退兵之后，竟然也是几日不出战。

　　法正告诉黄忠说，在定军山的西边，还有一座比定军山还高的山，可以观察定军山的情景，虽然那座山现在被曹军所驻守，但是驻守的官兵只有几百人，不足为患。于是，黄忠派兵赶走了驻守在那里的曹军，占据了那座山，法正知道夏侯渊肯定会下山来赶，于是便给黄忠约定了一个暗号，举白旗的时候就不要理，而举红旗的时候便要出战。

　　夏侯渊知道后，心知自己的军队情况已经被黄忠查探清楚，也只能出战迎敌了。于是便带兵下山逼黄忠出战，法正每一次都是举白旗，所以黄忠竟然几日不肯迎战。等到夏侯渊的军队心疲力尽的时候，法正以红旗为暗号，让黄忠占山迎敌。夏侯渊被打得措手不及，让黄忠一刀砍成了两半。

第十二章

屡建战功的将门虎子——吕蒙

名将档案

☆姓名：吕蒙

☆别名：吕子明、吕虎威

☆民族：汉族

☆出生地：汝南富陂（今安徽阜南吕家岗）

☆出生日期：约公元 178 年或公元 180 年

☆逝世日期：约公元 219 年或公元 220 年

☆主要成就：攻占皖城，智取三郡；濡须之战，白衣渡江

☆封爵：孱陵侯

☆相关典故：吴下阿蒙，士别三日当刮目相待

☆生平简历：

公元 178 年或公元 180 年，吕蒙出生在汝南富陂（今安徽阜南吕家岗）。

公元 200 年，吕蒙因为带兵有方，不仅所在的小队没有被解散，反而增加了一些人。

公元 204 年，吕蒙因功被任命为平北都尉，兼任广德长。

公元 208 年，吕蒙随孙权出征，大败江夏郡太守黄祖。

公元 214 年，吕蒙因功被提升为庐江太守，获赏寻阳屯田六百户，官属三十人。

公元 215 年，吕蒙巧妙用计夺取长沙、零陵及桂阳三郡。

公元 217 年，吕蒙担任左护军、虎威将军。同年，鲁肃去世，吕蒙接替鲁肃的职务，并统率鲁肃所部万余人马。孙权任命吕蒙为汉昌太守，增食下隽、刘阳、汉昌、州陵。

公元 219 年，吕蒙担任大都督，成功拿下荆州，并且做了很好的安抚工作。

公元 219 年或公元 220 年，吕蒙因为疾病去世，享年四十三岁。

人物简评

　　吕蒙是继周瑜之后，东吴集团又一名非常出色的将领，他帮助孙权就东吴集团的发展战略进行了调整，同时还利用自己的智慧与谋略把这个战略构想逐渐地变成了现实，成功地从关羽的手中将荆州地区夺了回来，消除了东吴集团在西线的巨大隐患。自从吕蒙成功夺取荆州地区后，汉末三国的疆域板块也基本上正式定型了。

　　对于吕蒙这位能够审时度势、运筹帷幄的江东虎臣，孙权曾经给出了这样的评价："吕蒙年轻时，我曾经认为他行事比较鲁莽，只是靠着果断大胆，很难成就大事。但是后来吕蒙日渐成熟，不仅学识精进，而且谋划方略方面也有了非常大的提高，他在这方面所取得的成就基本上能与周瑜相媲美。在对待关羽的问题上，吕蒙比鲁肃显得更具有远见卓识。"

　　西晋史学家陈寿表示："吕蒙有勇有谋，善于抓住时机，以智慧诱降郝普擒杀关羽，有国士之量，是出类拔萃的奇才。"

　　其实，吕蒙是凭借着自己的不懈努力逐步得到了孙策与孙权的赏识，慢慢地成为了在东吴集团中具有一定名气的将领，随后，他可以正视自己的不足，通过刻苦的学习，使得自己的综合能力得以提高，并且在调整与实施东吴集团发展战略上作出了非常大的贡献。

生平故事

成功蜕变

吕蒙在少年时期就南渡长江来到了江东投奔自己的姐夫——邓当，时间大概是在孙策统一江东六郡时期。那个时候，江东地区局势非常混乱，不但有当地豪强对孙策入侵所进行的对抗，而且也爆发了江东地区山越等少数民族与孙策政权进行对抗的武装叛乱。这个时候，邓当正在孙策营帐中为将，数次发兵对山越进行征讨。血气方刚的吕蒙就偷偷地跑到邓当的军中当兵。

因为战事十分激烈，邓当竟然没有发现自己的小舅子——吕蒙就在自己的军队当中。

直至一次偶然的机会，邓当才发现自己这位年龄只有十五六岁的小舅子居然已经成为了自己军中的一名士卒，不禁大吃一惊，准备把吕蒙送回家中，但是却遭到了吕蒙的断然拒绝。

邓当在迫不得已的情况下，把吕蒙从军的这件事情告诉了吕蒙的母亲，吕母知道之后也十分担忧吕蒙的安全问题，并且准备强行把吕蒙留在家中。

这个时候，年轻的吕蒙显得非常有主见，他对自己的母亲说道："只要我有了战功，就会得到一定的奖赏，这样一来，咱们全家也就再也不用过这样贫困的日子了！不入虎穴，焉得虎子？"吕蒙的这番话让母亲对他没有一点儿办法，只好同意了吕蒙的请求，从此之后，吕蒙正式成为了邓当军队中的一员。

不过，吕蒙曾经因为年轻幼稚还是差一点儿让自己惹上杀身之祸。就在吕蒙从军后没多久，军中的一名官吏就由于吕蒙年龄小而非常瞧不

起他，好几次当着大家面对吕蒙进行侮辱。吕蒙在一气之下竟然杀死了对方，然后潜逃到同乡郑长家中，成为了一个逃犯。

幸运的是，吕蒙还不算太糊涂，不久之后，吕蒙就主动找到校尉袁雄自首。对于吕蒙的自首，袁雄感觉十分地好奇，在清楚地了解整件事情的原委之后，不禁对吕蒙心生同情。

于是，袁雄找到主帅孙策那里去替吕蒙求情。而孙策在召见吕蒙并且了解情况之后，不仅没有怪罪吕蒙，还把吕蒙留在了自己的身边，并且带着吕蒙一同参加了与乌程豪族严白虎之间所进行的战争。在孙策的言传身教下，吕蒙进步得非常快。

数年之后，吕蒙就已经在军中有了一定的名气了，就连孙策手下的重臣张昭都开始注意这个年龄只有十几岁的孩子。数年后，吕蒙的姐夫邓当去世了，张昭直接向孙策提出建议，让吕蒙接替邓当之职。孙策对于吕蒙也是非常器重，立即授予吕蒙别部司马之职，并且让他掌管了一支规模不是很大的作战部队。这个时候的吕蒙还不到二十三岁。

公元200年，孙策遇刺身亡，年龄只有十九岁的孙权继位。为了更好地应对未来的战事，孙权准备将那些兵力比较少、装备不齐全、战斗力比较差的小股队伍进行合并整编。为了使自己的这支队伍避免被整编的命运，吕蒙最后想出了一个办法。他偷偷地借了一笔钱，并用这些钱给自己手下的士卒制作了统一的大红色军服与裹腿，并且对队伍的军姿与操练等做了重点的训练。等到孙权亲自前来检阅之际，吕蒙就带着这支着装整齐、雄壮威武、操练认真的队伍出现在孙权的面前，孙权看了之后，非常惊讶，不仅没有把吕蒙的队伍合并，反而为这支队伍增加了很多士兵，扩大了队伍的编制。没有过多长时间，吕蒙就率领着这支队伍参加了征讨荆州割据势力刘表以及镇抚江东地区内部山越等少数民族作乱的战争。

公元203年，吕蒙奉命和孙权一同开始了讨伐荆州割据势力刘表的嫡系将领，同时也是杀死孙权父亲的罪魁祸首——黄祖的战争。

在孙权与周瑜的指挥之下，战事进展得非常顺利，不仅成功地将黄祖的水军部队击败,而且很快就兵临黄祖的老巢——沙羡城下。然而,就在孙权全力对沙羡进行围攻,并且胜利在望的时候,江东各郡忽然爆发了规模巨大的山越等少数民族的动乱,孙权在万般无奈的情况下,不得不全军撤退,转而在豫章、丹阳、吴县、会稽等地展开了一场规模巨大的镇抚山越的军事行动,包括程普、黄盖、韩当以及太史慈在内的东吴名将基本上都参加了这场战争。吕蒙也跟随大军一起出征,先后参与了豫章、丹阳等地的行动,并且由于战功卓越而被授予平北都尉,兼任广德县长。

孙权便是在这个时候起开始留意吕蒙的。孙权这个人平时虽然不怎么表现自己,但却是个有想法的君主,他一直注意发现人才,然后培养成为自己的得力亲信。发现吕蒙是个可造之材以后,孙权马上就向孙策学习,开始有计划地重点训练吕蒙,让他参与到各种重大的事件当中,以磨练他的能力。

公元207年,吕蒙和当时非常有名的大将周瑜一起到孙权那里去,极力向孙权举荐一个人。这人便是前不久自刘表那里转投东吴的将领——甘宁。

由于吕蒙和周瑜两位大将一起举荐,所以孙权马上就重用了甘宁。甘宁为了报答知遇之恩,便对孙权说出了一个很好的提议,他想要接着向刘表的大将黄祖展开攻势。孙权在思考过后,觉得甘宁提出的建议很不错,马上便批准了,还很快将这个计划推行了下去。

甘宁的这个策略果然很好,经过一番努力之后,东吴的势力更加强大了。这个好的结果也给后来东吴和曹操进行赤壁之战时的胜利打下了坚实的基础。吕蒙因为举荐甘宁,显示出他准确的识人能力,因此更受孙权看重。

当时在接受了甘宁的提议后,孙权经过深思熟虑,曾经两次对黄祖的地盘江夏地区发动进攻。这两次进攻的时间分别是公元207年和公元208年,进攻的规模都特别大。

在第二次进攻时,孙权让吕蒙、偏将军董袭以及破贼都尉凌统三个人当前部先锋，率先领军杀敌。

黄祖见东吴的军队攻势异常凶猛，便派出两艘蒙冲战船，在水面上拦腰截住敌军，还在战船上安排下数千名擅长射箭的士兵，让他们随时发射弩箭，全力对东吴部队进行拦截。

东吴的军队遇到了前所未有的阻力，为了可以早一点把黄祖这种战术破掉，董袭和凌统两人亲自上阵，分别带领着一百多人组成的小分队，向黄祖的军队杀去。

他们这两个小分队的人全都是不畏死的战士，所有人都穿上双层盔甲，以免被箭矢伤到。这些人驾着大舸船，如同出笼的猛虎，撞入敌阵里去。董袭奋勇争先，亲自动手，将黄祖系住蒙冲战船的缆绳砍为两段。

有了董袭和凌统这两个小分队扰乱敌军的部署，吕蒙赶紧抓住机会，以迅雷不及掩耳之势，朝慌忙前来救助的黄祖水军发动了强大攻势。经过一场惨烈的激战，吕蒙大获全胜，把领头的将领陈就杀了，还把他的脑袋高高挂了起来，向黄祖的军队展示。有了这次胜利，黄祖的军队已经失去了战斗的信心。于是东吴的军队一路上所向披靡，很快把黄祖的地盘全都拿下，最后把黄祖也杀死了。

征讨完黄祖以后，孙权特意开了一次庆功大会，他当着众位将领的面，特别表扬了一下吕蒙，说："这次攻打黄祖，我们取得了胜利。能有这么好的战绩，全靠吕蒙将军先把陈就率领的军队打败了，否则我们还被挡在那里不能前进呢。所以这次大获全胜，吕蒙将军功不可没！"

这次讨伐黄祖的战斗之后，吕蒙由于表现出众，很快就被孙权提拔成横野中郎将，还获得了千万赏钱。更重要的是，因为接受了战场当中残酷环境的历练，吕蒙的作战经验更加丰富了，已经从一个没有经历过战阵的小兵，成长为一个英勇善战的大将。作为东吴军队当中一个新生的将领，他的光芒已经无人能遮掩。

孙权劝学

公元208年7月，曹操对荆州地区发动猛烈的进攻，并且很快就占领了荆州大部分地区。为了更好地抵抗曹操的进攻，孙权和刘备结成了孙刘联盟，与曹操展开了一场战略决战，这也就是历史上非常著名的"赤壁之战"。

这个时候，已经在东吴集团有了一定名气的吕蒙率领部众参加这场战争，并且和周瑜等人一同见证了曹操在乌林地区的惨败下场，这也是吕蒙首次与来自北方的曹操军队进行对战。

对于吕蒙这些年在作战过程中十分突出的表现，东吴著名将领周瑜十分欣赏，一直想要找一个合适的机会，对吕蒙所部的实力进行扩充。正巧在这个时候，割据益州的刘璋集团发生了内讧，他的大将袭肃率领部众投靠了东吴。

于是，周瑜向孙权提出建议，把袭肃所部交给吕蒙进行指挥。但是令人意外的是，对于周瑜的这番好意，吕蒙并没有领情，而是委婉地拒绝了。吕蒙认定，袭肃不仅有胆有识，而且非常善于指挥作战，将他的兵权剥夺，很显然不是一个好主意；更何况袭肃不远千里前来归降，保留其兵权并且予以嘉奖才是最为稳妥的办法。最终，孙权接受了吕蒙的正确意见，保留了袭肃手中的兵权。

在赤壁之战结束之后，曹操的主力部队撤回了北方地区，留下了嫡系将领曹仁在江陵地区镇守，想要在荆州腹地埋下一个钉子。为了争夺江陵这个战略位置非常重要的地方，孙刘联盟在赤壁之战结束后没有过多久，就立即展开了对于江陵地区的围困，吕蒙也参加了这场长达一年多之久的江陵争夺战。

为了加速战争的进程，周瑜派遣甘宁向夷陵进兵，想要对江陵地区进行战略封锁。刚开始的时候，甘宁的进展也十分顺利，很快就用仅仅只有一千多人的兵力将夷陵拿了下来，但是，却随即遭到曹仁派出的五六千人的包围，形势变得相当危急，甘宁马上派人向周瑜寻求支援。

那个时候，周瑜手下有很多将领认为，如今江陵正面战场的战事非常吃紧，兵力已然不足，根本没有办法再派兵进行援救，更何况曹仁派去的军队是甘宁部队的数倍之多，即使派兵前去援救，恐怕等到援军到达的时候，夷陵已经落入了敌军的手中。

正在将领们连连摇头的时候，吕蒙站出来对周瑜与程普说道："我看留下凌统主持江陵正面战场，应付敌军的攻势，依靠凌统的能力，抵挡敌军十天是没有一点儿问题的。而我军主力则驰援甘宁，这样一来，夷陵之围可解。"

与此同时，吕蒙又给周瑜提出建议，在发动对夷陵敌军的进攻前，先派出三百士兵用木柴堵住夷陵敌军的后退之路，只要敌军败退逃走，就能够以此作为路障，逼迫敌军放弃战马徒步前行，这样一来，就能够获得东吴军队急需的战马。

周瑜对吕蒙的这个建议表示十分地赞同。在随后所进行的援救夷陵的战事过程中，东吴军队将敌军打败，杀死杀伤敌军过半，敌军在不得已的情况下趁着黑夜逃走，还被迫丢掉了三百多匹战马，东吴军队甚至需要动用两艘大船才可以将这些战马运回江陵。

这场战争结束之后，吴军士气大振，不仅很快回军渡过长江，并且在长江北岸建立了非常稳固的进攻阵地。在孙刘联军的强大压力之下，在曹仁坚守了一年的时间后，曹操眼看没有办法继续固守，不得已下令让曹仁从江陵撤了出来。

从此之后，除了荆州北部的襄阳与樊城之外，荆州大部地区都落到了孙刘联军的手中。战争结束之后，孙权对于吕蒙的战功给予了高度的肯定与赞扬，并且授予他为偏将军，兼任寻阳县令。

看到吕蒙这个自己的心腹爱将的不断成长，孙权是十分高兴的。但是，在和吕蒙接触的过程中，孙权也发现了一个阻挡吕蒙才能进一步提升的瓶颈：尽管吕蒙非常善于用兵，但是却不习惯书传，文化知识更是严重地缺乏，只要遇到重大军情，就没有办法使用文字写奏章，只能够用口授的方式进行表达。与此同时，因为文化知识的缺乏，吕蒙也没有办法从前人的经验中获得宝贵的经验，以便更好地提升自己的能力。为此，孙权感到深深的担忧。于是，孙权将吕蒙以及与吕蒙有着同样问题的蒋钦找了过来，让他们多多读书以便增长知识。没有想到的是，吕蒙居然以军务繁忙、无暇读书作为借口进行掩饰。孙权则非常耐心地劝说吕蒙："你一点也不用反感读书，我虽然让你去读，却没有要你做一个研究学问的人，你应该放松心态。我让你读书，是想让你在读书以后，把学到的东西运用到实际的战斗当中。这样不仅你的能力得到了提升，而且你的文化水平还能潜移默化地增加，见识也能比以前多，这是多好的事啊！"

"虽然平时你有很多事情需要处理，但是就算你再忙，还能比我忙吗？我小时候就已经读过很多书了，像什么《诗经》、《尚书》、《周礼》之类的，全都通读过，也就是《周易》没有研究。我掌管大事以后，每当有空闲时间，就会研究一下兵法，读一读历史。我觉得读书对每个人都非常重要，读完书以后你再审视一下自己，就会发现，你的见识学问都有增长。"

"你是一个很聪明的人，如果注意多读读书，肯定会变得更加优秀。孔子告诫我们：'终日不食，终夜不寝以思，无益，不如学也。'以前的光武帝也同样给我们做出了榜样，他在打仗的空闲时间都要拿出书卷来读一读。不说远的，就连曹操也经常对别人说学习的重要性。你应该把光武帝和曹操当成榜样，多多读书才对！"

吕蒙见孙权这样苦口婆心地劝说自己，终于明白自己的这个毛病很不好，于是决心在今后多读书。吕蒙是个注重实际行动的人，从那以后，他就经常会利用闲暇时间多读书，而且不仅自己读，他还让手下的人也这样做。

东吴的大将成当、宋定和徐顾去世以后，吕蒙还给这三个人的子嗣找了老师，让他们接受教育。吕蒙还时不时到那里亲自监督指导他们的学习，要求他们必须用功读书。

由于吕蒙爱上了读书，并一直坚持，过了几年，他的见识和学问已经非常不凡了。他读过的书非常多，就连当时的一些很有学问的大儒，也不一定能比得上他的阅读量。知识增长了，眼界自然也和以前不一样了，因此吕蒙对天下的格局有了更清晰的把握，很多事情也都能提出与众不同的看法，变成了一个智勇双全的人。

后发制人

　　就在吕蒙非常刻苦地进行学习的时候，汉末的政治局势也变得越来越错综复杂了。曹氏（曹操）集团在经历了赤壁之战的惨败后，开始把主要的发展方向转向了西北地区；而刘氏（刘备）集团则通过占领荆州数郡，不仅站稳了脚跟，而且还使自己的实力得到了很大的提升。同时，刘氏（刘备）集团还加紧了对益州地区的图谋。而东吴集团经过好几年的励精图治，实力也得到了一定的增强，广袤的交州地区也被纳入了东吴的控制范围中。然而，不管是淮南地区，还是荆州方向，对东吴集团的发展都极其不利。曹操在淮南地区数次发起进攻，与孙权展开了一场旷日持久的拉锯战；荆州数郡又被刘备手下的大将关羽牢牢地控制在自己的手中，还不时与东吴发生一些摩擦，从前被刘备借去的南郡地区也没有办法收回来。

　　本来力主限制刘备集团发展的东吴都督——周瑜已经在公元210年因为疾病去世了，续任者又是孙刘联盟的倡导者——鲁肃，所以，东吴在荆州地区也没有办法取得任何实质性的进展。这样的局面让吕蒙陷入了深思当中。没有过多久，鲁肃在路过吕蒙的驻地的时候，吕蒙终于忍不住说出了自己的意见。这一次的见面也成就了三国历史中的一段流传千古的佳话。

　　鲁肃对吕蒙有一定的了解，不过这种了解显然已经过时了。他觉得吕蒙是一个只知道喊打喊杀的，逞匹夫之勇的人，因此打心眼里看不上吕蒙。他一开始甚至没想和吕蒙见面，但是手下的人总是说他应该去见一见吕蒙，所以他才勉为其难，和吕蒙见了一面。

　　吕蒙听说鲁肃过来看自己，赶紧设置酒宴，但是没想到鲁肃的态度非常不好，冷着个脸，连话也不多说一句。吕蒙没有想太多，觉得可能是因为两人不熟，所以这位新上司才显得和自己有这么大的距离，便非常诚恳地问："先生您接管了周将军的权力，肩负的责任重大。您所镇守的地方和关羽占领的地方紧挨着，您可否想好了该怎样对付关羽这个人呢？"

鲁肃因为瞧不起吕蒙，对他的话也爱答不理的，随便回答说："没有细想，这种事情到时看情况而定就行了。"吕蒙一听这话，顿时神色庄重地说："现在我们和刘备是盟友关系，然而关羽却是一员猛将。他总是不甘寂寞，经常于边境地区生事，还总是想法设法让自己的实力变得更强。假如我们不引起注意，预先将应对不测的方案想出来，真遇到突发状况，那就很难处理了。"

吕蒙并非只是说说而已，他马上就给鲁肃介绍了几个经过深思熟虑后想出来的应对策略。鲁肃越听越觉心惊，等吕蒙把自己的策略说完之后，顿时大声赞叹，说吕蒙的这些计划思虑周全，非常实用。然后鲁肃用手抚摸着吕蒙的后背，并感叹："以前我总是认为你这个人只会在战场上横冲直撞，没有什么谋略。现在我才知道自己的想法全是偏见，你已经和以前完全不同了。"吕蒙十分平静地说："三日不见，就要刮目相看啊。"

不过，还没有等到吕蒙把自己所提出的方略使用到关羽的身上，曹操所发动的大规模进攻就逼着东吴集团把注意力转向了淮南地区，吕蒙不久之后也被孙权紧急抽调前往淮南进行增援。

在随后东线战场进行的好几次战斗当中，吕蒙不仅表现了他一贯的勇猛，而且还能够依据战场的形势灵活地使用不同的战略战术，并且多次取得了战斗的胜利。

在经过赤壁之战后一年多时间的休整之后，曹操的大军已经恢复了元气，于是，他们开始向东吴集团的东线——淮南方向发起了猛烈的进攻。为了实现震慑孙权的目标，曹操一方面和孙权在濡须口地区多次爆发激烈的战斗，另一方面又任命仓慈担任绥集都尉，在淮南地区屯田，以便解决军粮的问题。面对曹操咄咄逼人的进攻态势，孙权准备修建濡须口作为防御的重点，但是却遭到很多将领的反对，这些将领们表示：

"东吴的军队一直习惯于上岸对敌人进行打击，然后赤着脚登上战船，修建濡须坞没有什么作用。"而吕蒙则认为如果出现战事不利的情况，士兵们在曹军步骑的追击之下，就连来到江边的机会都不会有，更别提登上战船撤退了。而倘若修筑了濡须坞就相当于多了一道防御的阵地，不管对于进攻，还是防守都是有很大的好处的。最后，孙权接受了吕蒙的建议，濡须坞终于得以修筑成功，而且后来的事实也证明吕蒙的建议的确是有先见之明的，濡须坞对于吴军成功抵挡曹军的进攻起到了非常大的作用。

面对曹操在东吴边境地区不停进行的蚕食与侵扰活动，孙权派遣吕蒙前去对付曹操的军队驻守在蕲春郡的典农中郎将谢奇，那个时候，谢奇奉命在皖县一带进行屯田，并且常常进入东吴的辖地进行侵扰，对东吴边境地区形成了巨大的威胁。公元214年，吕蒙决定主动进攻谢奇。他先是使用了诱敌深入的策略，准备聚而歼之，但是最后并没有达到目的。于是，吕蒙又采用了伺机突袭的战法，终于击败了谢奇的部队。尽管谢奇本人侥幸逃脱了，但是他的手下孙子才、宋豪等人却在不久之后率领部众投降，吕蒙取得了进入东线战场的首次胜利。

为了进一步将曹操在淮南地区的战略部署挫败，吕蒙专门针对皖城孤悬前线的致命弱点，向孙权提出建议：马上向皖城发起进攻并且将这座城夺下来。吕蒙表示："曹操任命的庐江太守朱光如今正在皖县一带大规模地屯田，马上就要进入收获的季节。皖县一带土地十分肥沃，粮食的产量非常高，如果曹军获得了这些粮食，不仅可以稳定人心，而且募兵的数量也将会得到很大的提升。依据这样的速度发展下去，用不了几年的时间，曹操就会再一次发动规模巨大的进攻。还不如趁着现在曹操远在邺城的这个有利的时机迅速地发起进攻，一举将皖县拿下，彻底地消除这个隐患。"孙权觉得吕蒙所言很有道理，就立刻接受了这个建议，并且亲自率领兵将向皖县发动进攻，没用多长时间就将皖县县城团团围住。

为了尽早攻下这座城，孙权将手下的将领找来，一起商议对策，很多将领认为应当堆造土山，并且增加攻城的器械，但是都遭到了吕蒙的反对。吕蒙认为："如果选择这些方法，都需要占用一段时间，在这段时间内，不仅守军能够顺利完成防御设施的建设，而且敌人的援军也极有可能到达，到了那个时候，攻城的难度就会增加很多了。更何况现在正处在雨季，江水上涨，倘若在皖城城下耽误的时间太长，攻城的大军不仅会错过撤退的最佳时机，而且会由于道路泥泞而遭遇潜在的巨大危险。"吕蒙向孙权提出建议："我们应当趁着皖城城防并不是十分坚固的时候，一鼓作气，从四面同时攻城。"吕蒙还向孙权推荐甘宁为升城督，而自己则作为后援，向皖城发起猛烈的进攻。吕蒙非常乐观地进行预测，用不了一个时辰就能够将皖城拿下，到了那个时候，围城的大军还能够趁着水势撤回来。通过吕蒙有条不紊地分析，孙权最终下定决心在第二天向皖城发起总攻。

第二天，天刚蒙蒙亮的时候，吕蒙就和甘宁一同对皖城发起了总攻。甘宁手里拿着兵器，亲自率领兵士攀城而上，而吕蒙则亲自擂响战鼓为甘宁加油助威。在吕蒙与甘宁的带动之下，东吴的每一个将士都奋勇向前，战事在上午的八九点就宣布结束了，不仅攻破了皖城，而且就连曹操任命的庐江太守朱光以及城中数万人也都成为了吴军的俘虏。

为了表彰吕蒙所作出的功劳，孙权授予吕蒙担任庐江太守的职务，并且把俘虏的曹军士兵与战马都分给了吕蒙。与此同时，孙权还赐给吕蒙寻阳县屯丁六百人以及属吏三十人作为奖赏。

巧取三郡

随着淮南战事渐渐地放缓，孙权在东线的压力也随之减轻了。不久之后，孙权又抽调吕蒙前往庐陵地区对当地爆发的叛乱进行清剿。就在吕蒙顺利地完成镇压叛乱后没有多久，孙刘联盟内部矛盾进一步激化了，吕蒙被迫马不停蹄地又赶到了荆州前线，这一次吕蒙面对的是刘氏（刘备）集团在荆州的守将——关羽。

在赤壁之战取得胜利之后，刘氏（刘备）集团的实力得到了非常迅速的提升，不仅顺利地将荆州数郡拿下，而且还从孙权手中借走了荆州南郡的部分地区。公元 214 年，刘备通过三年时间的浴血奋战，终于从刘璋手中将益州地区抢夺了过来，成为了在汉末政治舞台上一支不容忽视的势力。面对刘氏（刘备）集团的迅猛发展，孙权感到了深深的担忧。就在刘备夺取益州后没多久，孙权就派遣中司马——诸葛瑾作为使者出使成都，向刘备索要之前借给他们的荆州数郡。而这个时候的刘备正意气风发，根本没有意识到潜在的非常大的危险，反而是以等到将凉州夺得之后再归还荆州作为借口，拒绝了孙权的要求。在这样的情况下，孙权下定决心在关羽控制的荆州地区采取一定的行动，使用武力将荆州数郡夺回来。

公元 215 年，孙权强行向关羽控制下的长沙、零陵及桂阳三郡派驻行政官员，结果被关羽全部赶了回来。于是，孙权立刻派遣吕蒙率领鲜于丹、徐忠以及孙规等将领统兵两万向三郡发起猛烈的进攻，想要使用武力占领这三个郡。关羽完全没有料到，孙权会突然发动军事行动，所以在事情发生之前，关羽并没有做任何的防御措施，三郡兵力十分薄弱，根本没有办法抵抗住东吴大军的猛烈进攻。吕蒙兵临城下之后，并没有马上发动进攻，而是分别给这三个郡的太守送去了一封劝降信，想要兵不血刃将这三个郡拿下。在收到吕蒙的劝降信后，长沙与桂阳两郡马上开城向吴军投降，只有零陵太守郝普拒绝了投降。这个时候，已经得知东吴大军发动进攻消息的刘备马上作出了一些部署，亲自率领五万兵马赶往公安地区进行指挥作战，与此同时，还命令关羽进入长沙郡益阳地区。面对刘氏（刘备）集团的大兵压境，孙权一方面命令鲁肃率领一万兵士在益阳与关羽军队形成对峙的局面，一方面命令吕蒙放弃对零陵的进攻，回援鲁肃。

在接到孙权撤军的命令后，吕蒙经过深思熟虑，非常果断地决定继续对零陵实施围困，以最快的速度将零陵攻下之后再快速地回援鲁肃。吕蒙利用零陵被围、消息十分蔽塞的有利条件，让零陵守将郝普的好朋友——邓玄之前往零陵城内进行劝降。吕蒙告诉邓玄之，如今刘备还在汉中地区被曹军将领夏侯渊重重围困着，关羽又远在荆州，处境非常艰难，怎么可能还有多余的兵力增援零陵呢？而东吴大军在孙权的亲自率领之下势如破竹，樊城、鄀县等地已经被顺利地攻克。如果以如今双方的力量进行对比，攻陷零陵不会超过一天的时间，希望郝普可以认清这个形势打开城门投降。吕蒙的计谋果然收到非常好的效果，郝普信以为真，立刻打开城门向吴军投降了。等到郝普率兵出城之后才知道，吕蒙通过邓玄之告诉自己的情况都是一些假消息，不仅刘备近在公安，关羽也正率领兵将准备增援，但是，已经投降的郝普只能是追悔莫及了。以巧妙的计谋夺取零陵的吕蒙留下将领孙皎处理善后事务，自己则马上率领兵将赶往益阳对鲁肃进行增援。

时间不长，刘备知道了曹操让军队攻打汉中地区的消息，觉得这件事非同小可，决定赶紧从公安撤回去防守。事情紧急，容不得有丝毫耽搁，刘备决定先不管这三个郡了，马上命使者去与孙权和谈。经过议和，他们将荆州的势力范围又重新划分了一下，把湘水当成是分界线。湘水东边，即长沙、江夏以及桂阳都属于东吴；湘水西边，即南郡、武陵以及零陵则属于刘备。

这回与刘备对抗，吕蒙凭借过人的智慧，很轻松地把荆州三郡夺了回来，给东吴和刘备谈判创造了有利条件。孙权也知道这次吕蒙的功劳很大，为了表彰他在这次战斗中的优秀表现，把寻阳和阳新这两个县当作奉邑给了吕蒙。

正确建议

在这场争夺结束后，吕蒙奉命返回了东线，向合肥出兵，与曹操的军队展开了激烈的战斗。在与曹操大军战斗的过程中，吕蒙表现非常出色，不仅多次成功地将曹军的迅猛进攻化解了，而且还在合肥一役中冒死将被曹操大军围困的孙权救了回来。战争结束后，孙权提升吕蒙为左护军、虎威将军。

经过好几年的浴血奋战，吕蒙不仅对曹氏（曹操）集团与刘氏（刘备）集团的战力以及作战特点有了一个十分深刻的认识，而且还萌发了对东吴发展战略进行重新调整的想法。经过认真的思考与研究之后，吕蒙最后终于把自己的想法当面禀报给了孙权。

吕蒙认为："经过好几年的发展，刘氏（刘备）集团不仅占领了荆州数郡，取得了进攻中原的桥头堡，而且还拿下了非常富裕的益州地区，其实力得到了非常快的发展。尽管现在还处在孙刘联盟时期，但是在荆州镇守的关羽一直对东吴虎视眈眈，随时都有可能对东吴的安全带来相当大的威胁。而在这样的情况下，鲁肃等人所坚持的和刘备同心协力一同对付曹操的做法已经与现在的实际情况不相符了。倘若可以形成由孙皎镇守南郡，潘璋镇守白帝城，自己夺取襄阳，蒋钦率领一万兵马在长江一带作为机动兵力，随时应对敌军进攻的格局，东吴集团就既不需要担心曹操，也不用提防关羽了。"吕蒙接着指出："虽然我们与刘备组成了战略同盟，但是这只不过是为了对付曹操的强大压力而不得已为之的。不管曹操，还是刘备，他们都是把统一全国当做自己的终极目标。所以，随着局势的不断发展，东吴集团与刘氏（刘备）集团之间必定会出现越来越大的分歧而造成冲突不断，随时都有可能发生战争。因此，我们还不如趁着现在刘备的注意力都集中在益州及汉中地区这个非常有利的时机，从关羽手中将荆州夺回来，尽快地将东吴集团在西线的这个巨大隐患消除掉。"

孙权思索之后，觉得吕蒙说得非常有道理。

根据那时候的情形判断，无论曹操、刘备还是孙权，他们都想把国家统一起来，而不愿意和别人平分这个天下。在这种想法的驱使之下，孙权和刘备的联盟只是暂时的，根本不可能长久维持下去。形势总是在不停变化着的，所以孙权与刘备之间一定会出现各种各样的矛盾，继而发展成冲突。友好关系一旦破坏，就很难再修复。

从孙权这边看，荆州掌握在关羽手中，能够将他们和曹操隔断，不至于直接受到曹操的攻击，这是好的方面。然而关羽挡在荆州，就给东吴朝西边发展造成了很大阻碍，还让他们一直不敢放心，总担心关羽什么时候会发动突然袭击，给他们带来致命打击。这种隐藏的威胁比明摆着的威胁更让人担忧，使孙权寝食难安。

关羽在荆州镇守的这些年，也确实一直没有消停过，他总是时不时在边界上制造点小摩擦。东吴当然知道关羽这样做是想从经济、政治和军事等各方面让自己的实力更强大，所以对关羽的提防从来都没有消除过。

尽管孙权和刘备存在着怎么都解除不了的矛盾，但是孙权还没有想好怎样把荆州从刘备手上夺回来，所以他迟迟按兵不动，一忍再忍。暂时动不了荆州，孙权就先将目光投注到了曹操的地盘上。徐州好像就是一个很值得争取一下的地方，想要进军中原，可以从占领徐州开始。于是，孙权就问吕蒙怎样才能从曹操手里把徐州抢过来。

吕蒙可能已经考虑过这件事了，他给出的答案让孙权觉得非常惊讶。吕蒙说："实际上，徐州那里的守卫并不是特别严密，想要拿下它没有什么困难的，如果我们大军压境，很快就可以将它占领。所以，我们需要思考的不是怎样将徐州攻占，而是怎样在占领徐州以后，在那里站稳脚跟，不至于刚占领，就被人家赶回来。还有一点需要考虑的，就是我们要怎样以徐州为据点，进一步向中原挺进。"

吕蒙还说："徐州那里的交通非常发达，在这种情况下，骑兵能够很好地发挥他们的优势，而使用骑兵，又恰好是曹操特别拿手的。所以，一旦我们攻占了徐州，曹操肯定要把他的大军调过来和我们大战一番，因为他知道自己有优势。我们擅长在水上作战，但是陆上打仗就明显不行，也没有多少骑兵可以用，根本没有和曹操大军正面交锋的资本。这样一来，我们唯一能做的就是依靠徐州的城池进行防守，因此我们至少得在徐州那里驻扎七八万人的军队。不过就算如此，依我看，我们还是没有多少获胜的机会，想通过徐州继续进军中原，更是不可能。所以，我认为与其挖空心思想怎么攻占徐州，不如先利用我们士兵的长处，把关羽镇守的荆州抢过来，等我们的根基稳固了以后，再向中原发展，这才是正确的策略。"

吕蒙向孙权提出的策略非常好，不但对孙权计划里面非常危险的一面清醒地做出了剖析，还给东吴今后的发展指出了一条正确的道路，而且能马上实施。

将不切实际的进军中原计划放弃，将目标锁定在关羽占领的荆州，这样东吴就不用担心在花费了很多力气以后，却得不到多少实惠了。一旦把荆州夺回来，就可以将长期以来刘备给他们带来的威胁消除掉。而且，这样一来，东吴就可以把长江中下游的各个地区全都掌握在手里，他们的统治地位就更加牢固了，想向中原进军就能进军，想继续盘踞在一方，也无人能给他们造成威胁。

孙权知道吕蒙说的是金玉良言，于是马上就接纳了他的这个提议，而且过了几年以后，便在东吴实施下去。现在看来，这个决定给东吴各方面都带来了很积极的影响。

争夺荆州

公元217年，鲁肃因为疾病去世了，孙权任命吕蒙接替鲁肃的职务，并且把鲁肃所部万余兵马全部交给了吕蒙进行指挥，向来大力主张对刘氏（刘备）集团采用强硬立场的吕蒙再一次与关羽狭路相逢。但是，这一次吕蒙在对待关羽的态度上却发生了非常大的变化，不仅没有对关羽采取十分强硬的立场，反而数次向关羽示好，尝试着尽可能地修补由于夺取荆州三郡而导致的紧张关系，似乎是想要化干戈为玉帛，使孙刘联盟得以重新巩固。但是，吕蒙所制造的各种假象并没有成功地将关羽迷惑，对于这个曾经以迅雷不及掩耳将荆州三郡拿下的东吴虎将，关羽早已经在心里存了很大的防备，所以，吕蒙一方面也不得不派人暗中对关羽所属荆州地区的情况进行分析与研究，另一方面静静地等待关羽犯错，时刻准备着对关羽以及其所属的荆州地区发动致命的一击。与此同时，整个东吴集团的发展战略依据吕蒙之前提出的意见做出了很大的调整。孙权在同年派出都尉徐详拜见曹操，并且与之求和，曹操也悄悄地派遣使臣来到了江东，与之重修旧好，并且许下诺言：缔结婚姻。东吴集团东线的压力几乎已经消除了，终于能够把所有的注意力都放在荆州地区上了。

公元 219 年，曹操在攻打汉中地区的时候受到了严重的阻碍，在万般无奈的情况下，将汉中地区拱手献给了刘备。刘备在夺取汉中之后，又将东三郡划入了自己的版图中，并且自立为王，此时的刘备也达到了事业的巅峰。为了与刘备在汉中、东三郡的行动遥相呼应，关羽在同年 7 月发动了襄樊之战，对曹操占领的襄阳与樊城地区发起猛烈进攻。因为对吕蒙有着强烈的戒备心理，所以关羽没有集中主力全部调往襄樊，而是在南郡等地屯兵驻守以防发生不测。可是，已经自信满满的吕蒙又怎么会放过这一次夺取荆州的好机会呢？他立刻上书孙权，建议自己称疾，带兵返回，回到建业治疗，让关羽放松警惕，将留守在荆州的兵力调防襄樊前线之后再将荆州夺回来。对于吕蒙的建议，孙权极力表示赞同。为了更好地诱导关羽，孙权还特意将吕蒙调离陆口的消息发布，却暗地里调兵前往荆州前线。

在折返建业的途中，吕蒙在芜湖与陆逊偶遇。经过一番商讨之后，吕蒙对陆逊的才能赞赏有加，回到建业之后，就立即向孙权推荐陆逊接替自己的职务前往陆口。陆逊接任之后，果真成功地将关羽迷惑了，促使关羽将留在荆州的大多数兵士全部调往襄樊前线，荆州地区的守备力量一下子变得非常薄弱。时机马上就要成熟了，吕蒙马上秘密来到了寻阳做战争之前的一系列准备。

同年 10 月，争夺荆州的战役终于在吕蒙、陆逊等人的精心策划之下爆发了。在这场战争当中，吕蒙的军事才能淋漓尽致地表现出来了。

为了达到出其不意的效果，吕蒙让船工与士兵都换上了普通老百姓的衣服，趁着月色逆江而上，首先把关羽布置在江边的哨兵全部都俘虏，并且将烽火台控制在自己的手中，让关羽的荆州守军没有办法得到吴军已经进攻的消息，然后快速地兵临公安城下。为了尽早拿下公安，吕蒙并没有马上发起进攻，而是让随军的原骑都尉虞翻给城内的守将傅士仁写了一封信进行劝降。傅士仁本来就与关羽关系不好，在接到吕蒙的这封劝降信之后马上打开城门向吴军投降了。紧接着，吕蒙又采纳了虞翻的建议，带着傅士仁一同来到了江陵城下，再一次成功将江陵守将糜芳劝降了，包括关羽家属在内的荆州将士家属全部成为了吕蒙的俘虏。到这里，吕蒙兵不血刃将关羽在荆州地区的战略重镇公安与江陵拿下了。因为吕蒙布置得相当周密，完完全全地封锁了东吴军队进攻的消息，所以，远在襄樊前线的关羽竟然对于荆州地区发生的这一重大变故没有一丝一毫的察觉，完全被蒙在了鼓里。

吕蒙攻克江陵之后，立刻下令对关羽的将领及其家属进行安抚，并且下令入城的士兵绝对不能够骚扰江陵的百姓，甚至将关羽府中的库存全部封存起来。有一名和吕蒙同乡的军士因为强抢了百姓家中的一个斗笠而触犯禁令，吕蒙含泪将他处死了，这个举措在军中引起了非常强烈的震动。不仅如此，吕蒙还采取了一系列的方法进行劫富济贫，并且给病患者送去他们所需要的药品。吕蒙在江陵城中秋毫无犯、体恤百姓的行动受到了人们广泛的支持与拥护。

当关羽得知江陵等地被占领的消息后，立刻从襄樊地区带兵回折，在行军的过程中，关羽还派前哨打探军情。吕蒙每一次都对使者宽厚以待，而且专门安排使者前去城内巡视。关羽将士的家属纷纷表示自己受到了吕蒙以及东吴军队的优待。当这些消息带回关羽军中的时候，将士们一下子变得没有一点儿斗志，很多人甚至悄悄地离开了关羽的军队。在东吴军队不断的打击之下，关羽不得不带着少数士兵退守麦城，最后在同年十二月在临沮被东吴军队抓获，最终因为劝降失败被斩杀。历时三个月的荆州争夺战，最后以吕蒙的大获全胜而宣告结束了。

荆州争夺战结束后，为了表彰吕蒙的杰出贡献，孙权任命他担任南郡太守，封孱陵侯，赐一亿钱，五百斤黄金。谁也没有想到，封爵的公文还没有下达，吕蒙旧疾发作。那时，孙权还在公安，就急急忙忙地把吕蒙接到内殿，想方设法地为他治疗与护理。与此同时，孙权还到处招募东吴境内的医者，并且宣称只要能够将吕蒙疾病治愈的人，赐与千斤黄金。即便这样，但是吕蒙的病情依旧没有好转。孙权十分地悲伤，准备经常性地去探望这位战功赫赫的著名将领，但是又担忧自己的到来会对吕蒙的病情产生不良的影响，在情急之下，孙权想出了一个不错的方法：在吕蒙病房的墙壁上，挖一个小洞偷偷观察。看到吕蒙可以稍微吃下一点食物就会十分地高兴，情绪也会变得极其兴奋，反之就会郁郁寡欢，整夜整夜地睡不着觉。只要吕蒙的病情稍微有些好转，孙权就高兴地大赦全国，以此表示庆贺；当吕蒙的病情恶化，孙权就会派人前去看望，甚至派人给吕蒙祈福求寿。然而，这一切都没有能够将吕蒙的性命留住。不久之后，吕蒙，这位曾经在战场上叱咤风云的著名将领溘然长辞，享年四十三岁。孙权十分悲痛，命令三百户人家守护着他的坟墓。